KB266385

엄마와 키우는 글쪽이의 문해력

엄마와 키우는 글쪽이의 문해력

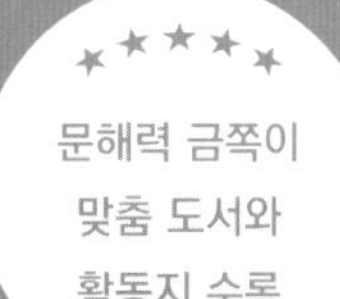

공부의 날개이자 인생의 나침반, 문해력

문해력, 방황을 끝내고 본질을 붙잡아야 할 시간

언제부턴가 '문해력'은 대한민국 학부모들의 가장 큰 불안이자 숙제가 되었습니다. 뉴스에서는 '문해력 붕괴'를 경고하고, 현장에서는 아이들이 평소에 쓰던 문장의 맥락조차 이해하지 못해 소통이 어긋나는 사례가 심심찮게 들려옵니다. 학부모들은 묻습니다. "책을 꽤 읽는데 왜 글을 못 쓸까요?", "말은 번지르르한데 왜 생각은 정리가 안 될까요?"

독서, 논술, 국어 교육의 최전선에서 30년 가까이 아이들을 가르쳐 온 우리 세 명의 저자는 그 불안의 실체를 누구보다 잘 알고 있습니다. 수많은 사교육과 선행학습 속에서도 아이들의 읽기 능력이 제자리걸음인 이유는 무엇일까요? 이제는 묻지 않을 수 없습니다. 지금 우리 아이들은 정말 '읽고' 있는 것일까요? 아니면 그저 '읽히고' 있는 것일까요?

'읽히는 아이'에서 스스로 '읽는 아이'로

우리는 오래전부터 아이들에게 독서를 '강요'해 왔습니다. 누군가가 골라준 필독서, 독후활동을 위한 독서, 수행평가를 위한 읽기. 책을 펼치기 전부터 아이들은 '이 책 읽고 나면 뭘 써야 하지?'를 먼저 고민합니다. 읽기의 목적이 스스로의 즐거움이 아니라 '빈칸을 채우는 과제'가 된 것입니다. 아이들은 책을 읽은 것이 아니라 책장을 넘긴 것이고, 글을 쓴 것이 아니라 글자를 나열한 것에 가깝습니다.

현장에서 만난 한 초등 고학년은 씁쓸하게 말했습니다. "선생님, 저는 독후감 쓰려고 책 읽어요. 그런데 쓰고 나면 바로 까먹어요." 아이의 머릿속에는 줄거리나 감상이 아닌 '동기', '인물', '주제'라는 평가 항목만 떠다녔을 것입니다. 읽기란 그냥 책장을 넘기는 것이 아니라, 그 문장에 내 마음을 스치게 하는 일입니다. 그 마음을 꺼내어 써보는 순간 비로소 그 책은 내 삶의 한 페이지가 됩니다. 이 책은 바로 그 '진짜 읽기'의 감각을 되찾아주기 위해 쓰였습니다.

AI 시대, 아이의 '존재의 문장'이 경쟁력이다

디지털 기술과 AI의 발달은 우리에게 편리함을 주었지만, 역설적으로 '생각할 시간'을 빼앗아갔습니다. 이제는 글도 AI가 써주고 요약도 자동으로 이루어집니다. 그렇다면 아이들에게 더 이상 읽기와 쓰기는 필요 없는 능력일까요?

우리는 단호하게 '아니오'라고 말합니다. AI가 절대 흉내 낼 수 없는 문장이 있기 때문입니다. 30년 교육 현장의 한구석에는 아이들이 써온 글들을 모아둔 소통의 서랍장이 있습니다. 우리는 그것을 '치부책'이라 부릅니다. 그 안의 글들은 어설픕니다. 맞춤법도 틀리고 논리도 엉성하지만, 그 속에는 아이만이 가진 감정과 시선이 담겨 있습니다. 우리는 이 글들을 시험 성적표보다 진지하게 읽습니다. 누구도 대신 써줄 수 없는, 아이만의 '존재의 문장'이기 때문입니다.

더 많이 아는 것이 아니라 나만의 언어로 표현할 수 있는 능력이 미래의 경쟁력입니다. 기계는 논리를 따라가지만 사람은 의미를 창조합니다. 아이가 자신의 언어로 세계를 바라보고, 경험을 글로 해석하고,

감정을 문장으로 표현할 때, 그 아이는 단순한 정보 소비자가 아니라 삶의 창조자가 됩니다. 이 한 권의 책에는 AI 시대에도 흔들리지 않는 가장 인간적인 미래 경쟁력, '문해력'의 핵심을 담았습니다.

공부의 날개이자 인생의 나침반, 문해력

문해력은 단순히 국어 점수를 위한 도구가 아닙니다. 그것은 학습 역량의 날개이자 모든 공부의 출발점입니다. 학부모님들은 종종 국어 성적이 고등학교에서 급락하는 것을 의아해합니다. 하지만 이유는 단순합니다. 읽는 힘이 부족하면 어휘력이 떨어지고, 어휘력이 부족하면 독해력이 흔들립니다. 국어뿐만 아니라 수학의 서술형 문제, 과학의 가설 검증까지 모든 공부의 중심에는 '읽기'가 있습니다.

몇 해 전, 전교 1등을 놓치지 않던 한 중3 학생이 『노인과 바다』를 읽고 조용히 눈물을 흘리며 말했습니다. "선생님, 저는 이 노인 같아요. 청새치를 잡으려고 그렇게 고생했는데 결국 남은 건 뼈뿐이잖아요. 저도 열심히 공부는 하는데 남는 게 없는 것 같아요."

문해력은 단순히 글자를 해독하는 능력을 넘어, 삶을 이해하고 방향을 점검하는 힘입니다. '나는 왜 이 길을 걷고 있는가?'라는 질문을 던질 줄 아는 아이가 진짜로 성장합니다. 읽는 힘이 곧 공부의 힘이고, 문해력이 곧 인생의 방향을 세우는 나침반이 됩니다. 우리가 아이들에게 전해주고 싶은 것은 단순한 점수가 아니라, 세상 속에서 자신을 지탱해주는 단단한 삶의 실력입니다.

30년 현장의 해답을 이 한 권에 담다

이 책은 화려한 기법이나 일시적인 해결책을 제안하지 않습니다. 대신, 30년이라는 긴 시간 동안 수천 명의 아이를 만나며 검증해온 가장 본질적이고 단단한 해답을 제시합니다. 읽기와 쓰기는 성적을 위한 도구가 아니라, 자기 존재를 정리하고 표현하는 '생존의 언어'여야 합니다.

부모로서, 교사로서 우리는 아이의 문장을 끝까지 기다려줄 수 있어야 합니다. 글의 완성도가 아니라 아이의 내면에서 터져 나온 진짜 문장 한 줄을 발견하고 반가워할 수 있어야 합니다. 모소 대나무가 수년간 땅 밑으로 뿌리를 내리다 어느 날 갑자기 하늘을 향해 자라나듯, 아이들의 문해력 또한 부모의 조용한 기다림과 신뢰 속에서 천천히 피어납니다.

문해력 교육의 길 위에서 방황하는 모든 부모님께 이 책을 건넵니다. 이제 더 이상 다른 곳을 기웃거리지 않아도 좋습니다. 읽기와 쓰기를 다시 '삶의 언어'로 회복시킬 그 단단한 여정을, 이 한 권의 책과 함께 시작해 보시기 바랍니다.

기다림의 끝에서 우리 아이들은 결국, 자기 목소리로 세상을 여는 지혜로운 리더로 성장할 것입니다.

문해력의 힘을 전하며
유경숙, 김나윤, 이준재

차례

3장

읽기와 쓰기를 연결하는 힘
– 디지털 시대, 문해력의 확장

4장

AI 시대, 인간을 인간답게 하는 힘
– 데이터 시대에 더욱 빛나는 감정, 사고, 창의력

2부
읽기와 쓰기로 글재주 부리는 아이들

1장

디지털 시대, 추락하는 문해력을 잡을 단 하나의 방법

2장

유형별 문해력 금쪽이를 위한 만능 처방전

3장

어쩌다 인생에서 가장 유용한 기술이 된 글쓰기

4장

글쓰기 금쪽이 엄마들의 상담 노트

3부
문해력이 쏘아 올리는 진짜 국어 공부법

1장

국어의 기본기는 언제부터 시작할까

2장

어휘에서 문해력으로 읽기의 뿌리를 단단히 세우다

3장

문해력에서 사고력, 생각하며 읽는 아이로

4장

사고력에서 학습력으로 문해력이 바꾸는 공부의 미래

부록
부모와 함께하는 문해력 향상 활동북

1부

AI 시대, 읽기와 쓰기가 AI를 이긴다

읽히는 아이 vs 읽는 아이

– 책 읽기의 본질을 회복하는 첫걸음

언제부터인가 아이는 책을 '읽는' 게 아니라 '읽히고' 있었어요.

누가 시켜서 넘긴 책장엔 마음이 머물 틈이 없었지요.

책 속 한 문장에 머무는 아이, 그 마음을 느끼는 아이로

다시 돌아갈 수 있을까요?

읽기의 진짜 시작점, 아이의 마음에서 시작됩니다.

왜 우리 아이는 책을 읽지 않을까?

많은 부모님들이 이런 고민을 토로합니다.

"책을 사줘도 잘 안 읽어요, 도서관은 좋아하지만 책을 끝까지 읽은 적이 없어요, 독후 활동만 아니면 책 읽는 걸 좋아할 것 같기도 해요."

공통된 걱정 속에는 한 가지 공통된 전제가 깔려 있습니다. 바로 아이가 '스스로 책을 읽을 줄 아는가?'에 대한 질문입니다.

오늘날 많은 아이들에게 책 읽기는 '자발적 감상'이 아니라 '주어진 과제'입니다. 초등학교 저학년 때부터 시작된 독서 일지, 독후감, 독서 수행평가, 온라인 독서 퀴즈 등은 아이들에게 '책을 읽은 후에는 반드시 무언가를 제출해야 한다'는 압박감을 심어줍니다. 이로 인해 책을 읽는 과정 자체가 감상과 사유의 시간이 아닌, '기록'과 '성과'로 이어져야 하는 과제가 되어버립니다.

📖 책 속으로 들어가기 전에 피로부터 만나는 아이들

읽기의 즐거움을 느껴보기도 전에 '이 책은 독후감 쓰기 좋은 책인가?', '등장인물이 많지는 않을까?', '내가 다 이해할 수 있을까?' 같은 고민이 먼저 찾아오는 아이들이 많습니다. 어떤 아이는 독후감을 쓰기 싫어 학급 문고에서 짧고 얇은 책만 골라 읽기도 합니다. 이러한 행동은 단지 게으름의 표현이 아니라, 독서가 본질적으로 피로한 활동이었음을 보여주는 징후입니다.

이처럼 '읽는 아이'가 아닌 '읽히는 아이'가 되어버린 아이들에게 책은 더 이상 친숙한 친구가 아닙니다. 감정을 공유하고, 나를 성장시키는 통로가 아니라, 채워야 할 양식의 대상이 됩니다. 이런 아이들은 성인이 되어도 책을 정보 습득의 도구로만 여기거나, 책을 통한 자기 대화 능력을 키우지 못하는 경우가 많습니다.

아이들이 느끼는 독서의 피로감은 단순한 '활동량'에서 오는 것이 아닙니다. 감정과 의미가 빠진 채, 형식에만 집중된 독서 교육이 그 원인입니다. 학교와 학원에서는 여전히 '정답이 있는 독서'를 강조합니다. 이 책의 주제는 무엇인가요? 주인공의 성격은 어떠한가요? 이 책을 읽고 무엇을 느꼈나요? 이런 질문들은 아이의 생각을 끌어내기보다 '예상된 답'을 끄집어내게 합니다. 그 결과 아이는 책을 읽으면서도 생각하지 않게 됩니다. 생각을 멈춘 독서는 무의미한 텍스트 소비일 뿐이며, 곧 권태와 연결됩니다.

김진우(2020)의 연구에서는 독서 활동의 목적이 내적 동기에서 비롯되지 않고, 성적 향상이나 과제 수행과 같은 외적 보상으로 유도될 때, 아이들은 점차 책 읽기를 억지로 수행하는 과제로 인식하며, 이로 인해 독서에 대한 흥미와 자발성은 급격히 저하되고 회피 경향이 높아지는 것으로 나타났습니다. 특히 연구 참여 학생들은 "책을 읽을 때마다 정해진 형식의 독후감이나 수행평가가 뒤따라서 부담스럽다"고 응답하였는데, 이는 독서가 감상과 사유가 아닌 '기대에 부응해야 하는 의무'로 전환되었음을 시사합니다. 이는 '왜 읽는가'에 대한 본질적 질문이 빠진 독서 교육이 아이들의 독서 습관 형성에 부정적으로 작용한다는 사실을 보여줍니다.

또한 부모의 기대와 통제도 피로감을 키웁니다. 어떤 부모는 독서가 아이의 성적 향상이나 언어 능력 향상에 직접적인 효과를 줄 것으로 믿고, 정해진 독서량을 강요하거나 '의미 있는 책'만 읽게 하기도 합니다. 아이 입장에서는 이런 방식의 독서가 '놀이'가 아닌 '훈련'처럼 느껴질 수밖에 없습니다. 마치 피아노를 즐기기 전에 체르니만 반복하는 상황과 같습니다.

📖 아이가 읽기를 멈춘 시대, 우리가 던져야 할 질문

여기에 더해 디지털 환경도 아이들의 독서 집중력을 방해하고 있습니다. 짧고 강렬한 자극에 익숙한 아이들은 긴 호흡의 텍스트를 따라가는 데 어려움을 느끼며, 스토리 라인을 따라가며 상상하고 내면화하는 능력도 점차 떨어집니다. 이는 단지 독서량의 문제가 아니라 '사고의 깊이' 문제로 연결되며, 장기적으로는 학습 능력 전반에 영향을 미칩니다.

아이들이 책을 읽지 않는 이유는 단순한 의지 부족이 아닙니다. 독서를 통해 무엇을 얻을 수 있는지, 책과 나 사이에 어떤 대화가 오가는지를 배운 적이 없기 때문입니다. 독서는 자기 자신을 들여다보는 시간이 되어야 진짜 의미가 있습니다. 좋은 책은 나와 전혀 다른 삶을 사는 사람의 마음을 상상하게 하며, 동시에 내 마음의 구조를 비춰보게 합니다.

우리는 이제 아이에게 "책을 읽었니?"가 아니라 "어떤 문장이 네 마음에 남았니?", "읽고 나서 너는 어떤 생각이 들었니?"라고 물어야 합니다. 이 질문은 단지 감상문을 잘 쓰게 하기 위한 것이 아니라, 아이가 자신의 감정과 생각을 스스로 자각하고 언어화하는 연습이기 때문입니다. AI 시대가 도래하면서, 정보는 더 이상 지식의 핵심이 아닙니다. 오히려 중요한 것은 '정보를 어떻게 해석하고 의미를 구성할 수 있는가'입니다. 이 능력은 곧 문해력과 연결되며, 문해력은 책을 읽고 자기 언어로 써내려가는 경험에서 비롯됩니다. 자기만의 언어로 세상을 설명할 수 있는 아이, 자신이 느낀 감정을 문장으로 표현할 수 있는 아이는 AI가 줄 수 없는 인간 고유의 사고와 감성을 지닌 사람으로 자라납니다.

책을 멀리하게 된 아이를 탓하지 않아야 합니다. 그보다 더 중요한 건 우리가 어떤 방식으로 아이에게 읽기의 즐거움을 되돌려줄 수 있을지를 고민하는 것입니다. 지금, 책과 아이 사이를 다시 잇는 일. 그것은 읽기의 본질을 다시 묻는 일이며, 동시에 우리 아이의 감정과 사고, 삶의 언어를 회복하는 첫걸음입니다.

읽기는 감정의 언어다

"이 주인공이 왜 이렇게 슬펐는지 이제야 알 것 같아요." 한 아이가 쓴 독서 일기 속 짧은 문장이 선생님의 마음을 오래 붙잡습니다. 그 문장은 문학적 표현이 뛰어난 것도, 글의 구조가 완벽한 것도 아니었습니다. 그러나 분명 그 문장엔 읽기에서 시작된 감정의 '교감'이 담겨 있었습니다. 읽기는 정보의 수집이 아니라 마음을 통과하는 경험입니다. 책을 통해 타인의 삶에 감정이입하고, 그 속에서 나를 되돌아보는 과정은 곧 감정의 언어를 익히는 일이기도 합니다. 아이가 문장을 읽고 마음이 반응할 때, 그 문장은 더 이상 '글자'가 아닌 '감정의 거울'이 됩니다.

"그 문장이 왜 마음에 남았어?"

글쓰기 수업을 할 때마다 아이들에게 한 가지 질문을 던집니다. "읽은 글에서 어떤 문장이 마음에 남았니?" 대부분의 아이들은 처음엔 당황합니다. 어떤 문장을 외워야 했던 기억은 있지만, 그 문장을 왜 좋아하는지를 스스로 묻는 일은 낯설기 때문입니다. 하지만 시간이 지나면서 아이들은 점점 문장에 감정을 이입하기 시작합니다. 어떤 아이는 "엄마가 안아줬을 때 따뜻했다고 한 문장이 좋아요"라고 말합니다. 또 다른 아이는 "혼자 있는 게 좋다고 말하는 주인공이 저랑 닮아서요"라고 씁니다. 이러한 '감정이 머무는 읽기'는 단순한 이해력 이상의 것을 길러줍니다. 감정의 언어를 받아들이고, 그 언어로 다시 자신을 표현하는 힘, 바로 그것이 진짜 문해력의 시작입니다.

📖 문장과 교감하는 능력이 문해력의 시작

심리학자 로즈메리 톰슨(Thompson, 2009)은 "아이들이 문장을 읽고 그 안의 감정을 느낄 수 있을 때, 읽기 이해력과 글쓰기 표현력 모두 뛰어난 성장을 보인다"고 말합니다. 그녀는 이렇게 설명합니다.

"감정의 맥락을 이해하고 공감하는 경험이 쌓이면, 아이의 내면에는 언어의 감정적인 층위가 차곡차곡 쌓이기 시작한다."

아이들은 책을 읽으면서 자신과 비슷한 상황에 놓인 인물을 만나기도 하고, 전혀 다른 삶을 살아보는 상상 속 여행을 떠나기도 합니다. 그리고 그 과정에서 마음이 움직입니다. 울컥하기도 하고, 괜히 웃음이 나기도 하죠. 그 모든 순간이 아이에게는 작은 감정 연습이 됩니다.

국내 연구에서도 비슷한 결과가 있습니다. 김지은2018)의 연구에 따르면, 감정이입 능력이 높은 아이일수록 자신의 감정과 생각을 더 풍부하고 깊이 있게 표현하는 경향을 보였습니다. 단순히 줄거리만 정리하는 것이 아니라, 인물이 왜 그런 선택을 했는지, 어떤 마음이 었을지를 헤아리는 아이들이 더 많았다고 합니다. 결국, 책을 읽고 마음으로 반응하는 아이가 사고도 글도 더 풍성하게 만들어낼 수 있다는 뜻이지요.

그런데 이 감정이입은 단순히 문해력 향상에만 그치지 않습니다. 심리적인 안정과 치유의 경험으로도 이어집니다. 문학 치료(biblioth erapy)에서는 책 속 인물의 감정을 따라가다 보면, 아이 자신의 감정이 어느새 정리되고 위로받는 경험을 하게 된다고 말합니다.

예를 들어, 친구와 갈등을 겪은 아이가 비슷한 상황의 주인공 이야기를 읽고 '나만 그런 게 아니구나' 하고 느낄 때, 아이는 책을 통해 자신의 감정을 다독이는 방법을 배우게 됩니다.

이런 과정에서 아이는 점차 자신의 감정을 알아차리고 언어로 꺼내는 힘을 기르게 됩니다. 말하자면 책은 마음의 거울이고, 감정은 읽기의 다리인 셈입니다. 이 다리를 건너는 연습이 쌓이면, 아이는 스스로를 이해하고 타인을 공감하는 따뜻한 사람으로 자라납니다. 읽기란 결국, 문장을 따라가는 것이 아니라 그 안에 담긴 감정을 만나고 내 감정으로 되돌려보는 일입니다. 그 경험이 아이의 마음을 키우고, 삶을 바라보는 눈을 더 깊고 따뜻하게 만들어줍니다.

📖 말 없는 문장과 마음이 만나는 순간

한 초등 5학년 여학생은 『거짓말 같은 이야기』라는 책을 읽은 후, 이렇게 썼습니다.

"이 책은 제 얘기 같았어요. 저는 친구에게 말 못한 비밀이 있는데, 그게 이 책의 주인공이랑 똑같아서 깜짝 놀랐어요. 책을 읽으면서 울 뻔했어요."

이런 반응은 정서적 공감이 일어난 대표적 사례입니다. 아이는 단순히 책의 내용을 따라간 것이 아니라, 자신의 경험과 감정을 책 속 문장에 연결시켰습니다. 읽기란 바로 이런 경험의 확장이자 내면의 대화입니다. 문장과 교감할 때, 아이는 자기 이야기를 시작합니다. 이런 감정 중심의 읽기는 결국 아이가 자기감정을 이해하고, 타인의 감정을 존중할 수 있는 정서지능(EQ)의 기반이 되기도 합니다.

정보 처리 중심의 AI와 달리, 인간의 고유한 사고 능력은 감정을 읽고 표현하는 언어에서 비롯됩니다. 따라서 문장을 단순히 분석하는 것이 아니라, 그 문장이 내 마음을 어떻게 움직였는지를 묻는 연습이 중요합니다. 부모나 교사가 아이에게 해줄 수 있는 가장 좋은 질문은 이런 것입니다.

📖 읽기는 결국, 마음이 머무는 언어

"그 장면에서 넌 어떤 마음이 들었니?"

"그 문장을 읽고 네 생각은 어땠어?"

이 질문들은 아이에게 정답을 요구하지 않습니다. 오히려 아이의 감정을 받아들이고, 언어로 표현하도록 기다려주는 역할을 합니다. 이 과정이 반복될수록 아이는 점점 책과 자신의 삶 사이의 연결 고리를 발견하게 됩니다. 그 문장이 나를 닮았을 때, 나의 마음이 울릴 때, 아이는 처음으로 자기만의 언어로 삶을 읽기 시작합니다. 그 언어는 어느 날, 자기 생각을 단단히 붙잡는 문장이 되고, 세상과 소통하는 이야기가 됩니다. 읽기는 감정의 언어입니다. 그리고 그 언어는, 아이가 자기 자신과 만나는 가장 조용하고 깊은 길입니다.

독서의 적, '형식화된 독후 활동'

"이 책을 읽게 된 동기는 무엇인가요?"

"가장 인상 깊었던 장면은 무엇인가요?"

"주제는 무엇이라고 생각하나요?"

수많은 학교와 독서 교육기관에서 사용되는 독후감 양식의 질문들입니다. 이 문항들은 얼핏 책을 깊이 있게 읽도록 돕는 것처럼 보이지만, 정작 아이들에게는 정해진 틀 안에서 감정을 가공하는 '정답 찾기'의 다른 버전이 되기 쉽습니다. 독후 활동이 본래의 목적을 잃고 형식적으로 흐를 때, 아이는 책을 자기 생각으로 소화하지 못한 채, '기대되는 대답'을 골라내는 기술만 익히게 됩니다. 어떤 아이는 책을 읽기도 전에 "느낀 점은 뭐라고 쓰면 좋을까요?"라고 묻습니다. 이는 책에 감동을 느끼지 않아서가 아니라, 감동을 자신의 말로 꺼내는 방법을 배운 적이 없기 때문입니다.

책을 읽고 무엇을 느꼈는지 쓰는 일이 왜 이토록 어려워졌을까요? 그 원인은 아이가 자신의 언어로 감상을 표현할 기회를 갖지 못한 채, '적당히 무난한 답'을 채워야 하는 훈련만 받았기 때문입니다. 글은 경험의 언어이자 감정의 기록이어야 합니다. 그러나 형식화된 독후 활동은 아이에게 생각과 감정을 표현할 여백을 주지 않고, 독서를 수단화된 활동으로 전락시킵니다.

📖 부모와 교사가 만들어 낸 '형식 독서'

아이들이 '형식 독서'에 빠지게 되는 데는 어른들의 역할도 큽니다. 부모는 종종 다음과 같은 생각을 합니다.

'어떤 책을 읽었는지도 중요하지만, 결과물이 있어야 의미가 있어.'

'독서록이나 독후감이 있어야 아이가 뭔가 얻은 것 같아.'

이런 기대는 무의식적으로 아이에게 '책을 읽은 후에는 반드시 무언가를 써야 한다'는 압박감을 줍니다. 심지어 어떤 부모는 아이의 감상문을 대신 써주거나, 문장을 다듬어주는 경우도 있습니다. 그 결과 아이는 '나의 감정은 틀릴 수 있다, 글은 멋지게 써야 한다'는 학습된 불안감을 갖게 되고, 점점 자신의 감상을 솔직하게 표현하기 어려워집니다.

교사 역시 마찬가지입니다. 학급 독서 시간에 한 권의 책을 다 읽고 나면 으레 똑같은 독후감 양식지를 나눠주고, 정해진 시간 안에 모두 써내도록 합니다. 아이의 독서 경험과 이해 수준은 제각각인데, 결과물은 동일한 양식에 맞춰야 합니다. 이 과정에서 느리게 느끼고 오래 생각하는 아이는 '답을 못 찾는 아이'가 되고, 오히려 문장력이 좋은 아이는 감동 없이도 똑똑한 감상문을 쓰는 기술을 익히게 됩니다. 이처럼 반복되는 '형식 독서'는 아이들에게 책이 감정을 담는 그릇이 아니라, 점수를 받기 위한 종이 시험지처럼 여겨지게 합니다.

📖 생각과 감정의 '틀 밖 쓰기'가 필요하다

우리가 진정으로 원하는 것은, 아이가 책을 읽고 '무엇을 느꼈는지' 스스로 탐색하고 표현하는 힘을 기르는 것입니다. 하지만 녹후 활동이 틀로 제공될 때, 그 표현의 자율성은 사라집니다. 교육심리학자 스티븐 크라셴(Stephen Krashen, 2004)은 다양한 실증 연구를 통해 '자발적 읽기(Free Voluntary Reading, FVR)'가 아동의 언어 능력 발달에 가장 효과적인 방법 중 하나라고 주장했습니다. 그는 자발적으로 선택한 책을 읽는 과정이 단순히 어휘력이나 문해력 향상뿐 아니라 문장 구성력, 문법 이해, 쓰기 능력, 철자력 등 언어 전반의 성장을 이끈다고 보았습니다.

그는 51개의 연구 사례를 종합 분석한 결과, 자발적 읽기를 실천한 학습자들이 시험 대비 중심의 과제 기반 읽기 방식보다 장기적으로 더 풍부한 어휘를 습득하고, 더 정확하고 유창한 문장을 구사하며, 글쓰기에서도 창의성과 논리성이 높았다고 보고했습니다. 특히 형식화된 독후 활동과 비교했을 때, 자발적 읽기를 한 아이들은 독서 후 '이 책을 어떻게 느꼈는지'를 자신의 언어로 더 자유롭고 풍부하게 표현하는 경향을 보였습니다. 반면 과제 중심의 독후 활동을 진행한 아이들은 줄거리 요약이나 주제 파악에는 익숙하지만, 감정이입이나 자기화된 해석은 부족하다는 점도 밝혀졌습니다.

또한 "책을 많이 읽는 것보다 중요한 것은 자신이 선택한 책을 즐겁게 읽는 경험"이라며, "과제화된 독후 활동은 아이의 흥미를 떨어뜨리고, 책을 '해야 할 일'로 인식하게 만든다"고 경고합니다. 그는 학습 동기의 핵심을 '자율성'과 '몰입 경험'이라고 보며, 아이가 자발적으로 몰입해 읽는 독서야말로 학습 효과를 지속시키는 열쇠라고 강조합니다.

그의 연구는 우리가 아이에게 독후감 양식지를 건네기 전에, 먼저 그 책을 정말 좋아했는지, 어떤 문장에 마음이 멈췄는지, 그 장면이 자신의 삶과 어떻게 연결되는지를 묻는 시간이 얼마나 중요한지를 다시 생각하게 합니다.

📖 '정답 독서'가 아닌, '마음 독서'로

어떤 아이는 매번 독후감에서 "주인공이 용기 있었다, 이 책을 읽고 열심히 살아야겠다고 느꼈다"는 문장을 반복합니다. 아이는 단지 어른들이 듣고 싶은 말을 골라냈을 뿐, 진짜 감정을 언어화하는 훈련은 하지 못했던 겁니다.

그 아이에게 별도의 양식 없이 그냥 마음에 남은 문장을 자유롭게 쓰라고 했습니다. 그 아이는 "나는 주인공의 외로움이 내 친구처럼 느껴졌어요. 그게 오늘따라 좀 무거웠어요"라고 썼습니다. 이 짧은 문장 하나에야말로 '읽고 느낀 마음'이 살아 있었습니다. 우리는 이제 결과물을 요구하는 대신, 아이 스스로 읽은 감정을 말하고 쓸 수 있도록 기다려야 합니다.

형식적인 독후 활동은 단지 잘못된 교육 방법의 문제가 아니라, 아이의 생각과 감정이 제자리를 찾지 못한 채 사라지는 문제입니다. 독서는 본래 아이가 세상과 자신을 연결 짓는 감정적, 사고적 통로입니다. 그러나 그 독서를 '과제화'하는 순간, 아이는 그 통로를 잃게 됩니다. 어른들은 이제 물어야 합니다.

"이 아이는 정말 책을 읽은 걸까? 아니면 독후감 숙제를 한 걸까?"

우리가 아이에게 바라는 것은 아름다운 감상문이 아니라, 삶의 한 페이지가 책과 맞닿는 진짜 순간들입니다. 아이의 문장이 조금 서툴러도, 생각이 정리되지 않아도 괜찮습니다. 중요한 것은 그 아이가 자신의 언어로 읽고, 느끼고, 써보려는 시도 자체입니다. 진짜 독서는 아이의 내면에 스며드는 독서이고, 진짜 글쓰기는 그 스며든 마음을 꺼내 보는 연습입니다. 형식화된 독후 활동을 넘어, 아이의 생각이 머무는 책 한 권, 아이의 감정이 살아 숨 쉬는 문장 하나를 기다리는 일. 그 기다림이야말로 진짜 독서 교육의 시작입니다.

읽히는 아이에서 읽는 아이로 전환하기

📖 진짜 독서를 위한 부모의 질문

"다 읽었어! 어땠어? 재밌었어."

책장을 덮는 아이에게 부모는 묻습니다.

대부분의 독서 대화는 이렇게 끝이 납니다. 하지만 이 짧은 대화 속에는 아이가 책을 '경험'했는지, '완독'했는지, 아니면 단순히 '넘겨만 봤는지'조차 알기 어렵습니다. 진짜 독서는 '책을 다 읽었다'는 선언이 아니라, 무엇을 느끼고 생각했는지를 나누는 과정에서 시작됩니다. 아이에게 책은 단순한 정보의 집합이 아니라, 자신의 삶과 연결되는 거울이 되어야 합니다. 그리고 그 연결의 다리를 놓는 것이 바로, 부모의 질문입니다.

📖 읽기 전 아이의 시선을 열어주는 질문

독서를 시작하기 전, 몇 가지 간단한 질문만으로도 아이의 마음은 책 속으로 더 깊이 들어갈 준비를 할 수 있습니다.

"이 책 제목을 보고 어떤 느낌이 들어?"

"표지를 보니까 어떤 이야기일 것 같아?"

"이 책에서 가장 기대되는 장면은 뭐야?"

이런 질문은 아이가 책을 피동적으로 넘기기 전에, 주체적으로 책에 '의미'를 부여하게 합니다. 아이는 이 책을 읽을 '이유'를 자기 안에서 만들어내게 됩니다.

📖 읽는 동안, 함께 머물러주는 대화

책을 읽는 중간에도, 부모의 개입은 중요합니다. 단, 그 개입은 '검사'가 아니라 '동행'이어야 합니다.

"이 장면, 너라면 어떻게 했을 것 같아?"

"지금 주인공 마음이 어땠을까?"

"이런 경험, 우리도 비슷한 적 있었지?"

이런 질문은 아이가 인물의 감정과 상황에 이입하도록 돕고, 책과 자신의 경험을 연결하는 사고의 확장을 유도합니다.

📖 읽은 후, 책을 '자기 이야기'로 만드는 질문

가장 중요한 것은 책을 덮은 이후입니다. 많은 아이들이 독서 후 줄거리 요약이나 '느낀 점'이라는 막연한 질문 앞에서 머뭇거립니다. 이때 필요한 건 감정을 따라가는 구체적인 질문입니다.

"이 책에서 가장 마음에 남는 문장은 뭐였어?"

"그 장면을 보면서 어떤 기분이 들었어?"

"너는 이 이야기의 결말을 다르게 바꾼다면 어떻게 해볼래?"

"이 책을 다른 사람에게 추천하고 싶다면, 어떤 이유 때문일까?"

이런 질문은 아이가 책에서 느낀 것을 자기 언어로 끌어내게 하고, 그 과정을 통해 자기 생각을 구조화하는 힘을 길러줍니다. 이는 단순히 책에 대한 감상이 아니라, 삶에 대한 시선이기도 합니다.

📖 초등 고학년과 중학생에게 필요한 질문은 다르다

초등 고학년이나 중학생이 되면, 어릴 적보다 책의 난이도는 높아지고, 감정도 더 복잡해집니다. 단순한 줄거리나 인물 소개 이상의 사고가 필요해지는 시점입니다. 이 시기에 필요한 독서의 방향은 자신의 생각을 구조화하고, 삶과 연결짓는 독서입니다. 이를 돕는 것이 바로, 부모와 교사의 질문입니다.

초등 저학년 아이들에게는 '책을 재밌게 느끼게 하는 질문'이 중요했다면, 고학년과 중학생에게는 '사고를 넓히는 질문', 즉 독서와 삶, 감정, 가치 판단을 연결하는 질문이 필요합니다.

"주인공은 왜 그렇게 행동했을까? 너라면 어땠을 것 같아?"

"이 이야기는 지금 우리가 사는 사회와 어떤 점에서 비슷해?"

"책 속의 갈등을 해결하는 방식이 현실에서도 통할까?"

"작가는 왜 이 결말을 선택했을까? 너라면 어떻게 마무리할래?"

"이 책은 네가 믿는 어떤 가치와 연결되어 있을까?"

이런 질문들은 아이가 자신의 가치관, 정체성, 감정의 결을 언어로 구조화하는 능력을 키우는 데 도움을 줍니다. 이는 단지 글쓰기 능력을 위한 것이 아니라, 자기 삶을 해석하는 능력, 다시 말해 문해력 이상의 해석력과 관점 형성 능력을 길러주는 훈련이 됩니다.

📖 중학생에게는 '토론형 질문'이 효과적

중학생은 자기 감정과 논리를 동시에 들여다보는 시기입니다. 이 시기에는 한 가지 질문에 대한 정답보다, 여러 입장을 상상해보는 열린 질문이 더욱 효과적입니다.

“이 인물은 어떤 점에서 공감됐고, 어떤 점은 이해가 안 됐어?”

“작가의 입장이 명확했을까? 반대 입장은 없었을까?”

“만약 이 책을 토론 주제로 낸다면, 어떤 질문을 던져볼 수 있을까?”

이러한 질문을 통해 독서가 개인적인 경험에서 사회적 대화의 준비 과정이 됩니다. 더 나아가 중학교 국어과에서 자주 다루는 비문학 글 읽기, 비판적 사고력, 서술형 쓰기와도 자연스럽게 연결됩니다.

읽기란 단순한 과제가 아니라 자기 인생을 이해하고 확장하는 언어의 여정입니다. 초등 고학년과 중학생에게 독서란 더 이상 재미만으로는 끌어가기 어렵습니다. 그 책이 나와 어떤 연결을 맺는지, 그 질문을 부모나 교사가 던져주는 순간, 아이의 독서가 '진짜'가 됩니다. 읽고, 말하고, 생각하고, 그다음에 써보는 아이의 하루하루는, AI가 넘을 수 없는 감정과 해석의 언어로 채워질 것입니다.

2장

쓰는 아이가 결국 이긴다

– 생각을 키우고 자기 언어를 갖는 글쓰기

한 줄도 제대로 못 쓰는 아이를 보며,

'왜 이렇게 표현을 못 할까?' 답답했던 적이 있었을 겁니다.

하지만 생각해보면, 아이는 한 번도 자신의 마음을

끝까지 써보도록 허락받지 못했을지도 모릅니다.

쓰지 않는 아이는 느끼는 법도, 말하는 법도 잊어갑니다.

쓰는 아이만이, 자기를 이해하고 결국 세상을 이겨냅니다.

우리 아이는 왜 글을 쓰기 싫어할까?

"우리 아이는 왜 글을 쓰기 싫어할까요?"

많은 학부모가 이런 질문을 합니다. 책은 좋아하지만 글쓰기를 유독 싫어하는 아이, 하루 종일 말을 쏟아내지만 막상 글로 옮기라면 멈칫하는 아이, 심지어는 한 줄을 쓰기까지 몇 시간씩 고민하는 아이까지 다양합니다. 글쓰기는 아이들에게 단순히 귀찮은 과제가 아니라, 마음 깊은 곳에서부터 부담으로 다가오고 있는지도 모릅니다.

📖 정답만 찾는 글쓰기, 막다른 골목에 서는 아이들

요즘 아이들이 글을 쓰기 싫어하는 이유 중 하나는, '글을 잘 써야 한다'는 부담이 너무 크기 때문입니다. 어릴 때부터 평가받는 글쓰기를 접해온 아이들은 자연스럽게 정답을 찾는 글쓰기에 익숙해졌습니다. 학교에서 요구하는 글은 늘 일정한 틀이 있고, 정해진 형식이 있고, 심지어는 점수까지 매겨집니다. 그 과정에서 아이들은 스스로 생각하고 표현하는 글쓰기를 거의 경험하지 못합니다.

한 고학년 학생이 이런 이야기를 한 적이 있습니다. "선생님, 글은 맞게 써야 하는 거잖아요. 그래서 못 쓰겠어요." 아이가 말한 '맞는 글'이란 무엇일까요? 정답 중심의 사고에 익숙한 아이들은 자꾸 무언가를 맞추려고 합니다. 틀리면 안 된다고 생각하는 순간, 아이의 글쓰기는 멈춰버립니다.

2024년 교육부 보고서에 따르면, 전국 중학생의 약 40%가 '글을 쓸 때 불안감을 느낀다'고 답했습니다. 특히 글을 시작할 때 무엇을 써야 할지 모르겠다는 응답이 가장 많았습니다. 이는 단순히 작문의 어려움이 아니라, 표현하는 힘 자체가 부족하다는 의미입니다. 또한, 서울시 교육연구정보원의 조사 결과에 따르면, 중학교 2학년 학생의 58%는 글쓰기 과제가 주어지면 '부담스럽고 피하고 싶다'고 응답했습니다. 이런 결과는 고학년으로 갈수록 더 두드러지며, 결국 아이들은 글쓰기 자체를 두려워하게 됩니다. 이쯤 되면 단순히 "글쓰기를 싫어해요"라는 말이 아니라, "나는 내 생각을 표현할 자신이 없어요"라는 고백일지도 모릅니다.

글쓰기는 원래 자신을 표현하는 즐거운 과정이어야 합니다. 그러나 지금의 교육 현장에서는 이 즐거움보다 '맞춤법', '문장 구조', '문법적 오류'처럼 기술적인 기준이 앞섭니다. 아이들이 제대로 써보기도 전에, 글은 평가의 대상이 되고 맙니다. 마치 그림을 그리자마자 채점하는 것처럼, 자유롭게 펼쳐야 할 사고와 감정이 평가라는 틀에 갇혀버리는 것입니다.

서울의 한 중학교 국어 교사는 이렇게 말합니다.

"아이들은 생각이 없어서 글을 못 쓰는 게 아닙니다. 표현할 기회가 없었던 거예요. 오랜 시간 동안 형식에 맞춘 글만 요구받다 보니, '내가 하고 싶은 말'을 잊어버린 겁니다. 어떤 아이는 '감상문에도 정답이 있나요?'라고 묻더군요. 그 질문이 얼마나 슬펐는지 모릅니다."

한 초등학교 6학년 담임교사는 어느 신문사의 인터뷰에서 이렇게 전하고 있습니다.

"학생들에게 자유롭게 써보라고 하면 당황해요. '어떤 형식으로 써야 하죠? 몇 줄 써야 해요?' 하는 질문이 먼저 나옵니다. 요즘 아이들은 글쓰기에서 '형식적 안전지대'를 벗어나는 걸 두려워하죠."

이런 환경 속에서 아이들은 점점 글을 피하게 됩니다. 생각은 있어도 표현할 용기가 없어지고, 표현하지 못한 생각은 결국 사라집니다. 자주 쓰는 아이와 아예 손을 놓는 아이의 차이는 시간이 흐를수록 커집니다. 글쓰기는 연습이고, 습관이고, 생각을 다듬는 과정이기 때문입니다.

📖 학부모가 던져야 할 새로운 질문

많은 부모들이 이렇게 말합니다.

"우리 아이는 생각이 깊은데 글로 옮기지를 못해요."

"말은 참 잘하는데 막상 쓰라 하면 멈춰요."

그렇다면 우리는 이렇게 물어야 합니다.

"우리 아이는 글로 생각을 정리해본 경험이 있을까?"

"누군가 내 글을 진심으로 읽어준다는 경험을 해본 적이 있을까?"

한 학부모는 자신의 아이가 쓴 짧은 글을 읽고 이렇게 말했습니다.

"맞춤법도 엉망이고 글의 구조도 정돈되지 않았지만, 이상하게 자꾸 다시 읽게 되더라고요. 아이가 솔직하게 쓴 마음이 느껴져서요. 그 글을 읽고 나서야 '이 아이도 이야기를 품고 있었구나'라는 걸 알았어요."

글은 잘 쓰는 것보다, 진심을 담아 쓰는 것이 먼저입니다. 평가보다 중요한 건, 아이가 자신을 드러내도 괜찮다고 느끼는 경험입니다. 그 한 번의 경험이 아이를 '글쓰기의 사람'으로 성장시킵니다. 글을 잘 쓰는 아이가 아니라, 자기 생각을 끝까지 써내려가는 아이로, 그 여정을 지켜보며 아이의 이야기에 끝까지 귀 기울여주는 어른, 그 한 사람이 아이의 언어를 바꿉니다.

서툴고 느리더라도, 아이가 꺼낸 한 줄의 문장을 다시 읽어보는 일. 그 작은 행동이 아이에게 '내 글에도 가치가 있다'는 믿음을 심어줍니다. 그 믿음이 쌓일수록 아이는 조금씩, 자기 생각을 자기 언어로 말하는 사람으로 자라납니다. 그리고 그렇게 써내려간 문장은, 결국 그 아이의 삶을 이끌어갈 가장 든든한 등불이 될 것입니다.

글을 잘 쓰는 아이 vs 생각을 잘 쓰는 아이

📖 '그럴싸한 문장' 뒤에 숨은 아이들의 침묵

교실에서 수많은 아이의 글을 마주하다 보면 기묘한 괴리감에 빠질 때가 있습니다. 문장은 매끄럽고 맞춤법은 완벽하며, 기승전결의 형식까지 갖췄는데 읽고 나면 이상하게도 공허함이 남는 글들 때문입니다. 반면, 문법은 비틀거리고 구성은 엉성해도 읽는 이의 가슴을 툭 치고 들어오는 글이 있습니다.

많은 부모가 "우리 아이는 문장은 제법 그럴싸한데, 정작 무슨 말을 하려는 건지 알 수가 없다"고 고민을 털어놓습니다. 반대로 "생각은 참 깊은데 글로는 그게 전혀 안 드러나요"라며 답답해하기도 합니다. 우리는 여기서 글쓰기의 가장 본질적인 질문과 마주해야 합니다. 우리는 아이에게 '예쁜 문장을 만드는 기술'을 가르치고 있는 걸까요, 아니면 '자신의 생각을 정직하게 꺼내놓는 태도'를 가르치고 있는 걸까요?

📖 ' 생각을 '담는' 아이의 빛나는 어설픔의 글

초등학교 6학년 R이 『마당을 나온 암탉』을 읽고 쓴 글을 예로 들어 보겠습니다.

"이 책은 주인공 잎싹이 마당을 나와 물오리를 키우는 감동적인 이야기입니다. 잎싹은 자유를 열망하며, 자식이 아닌 알을 품는 위대한 모성애를 보여줍니다. 이 책을 통해 우리는 희생과 사랑의 중요성을 깊이 깨달을 수 있습니다. 주인공은 자신의 꿈을 위해 끝까지 노력했고 결국 그 가치를 실현했습니다.”

어떤가요? 어휘 선택도 적절하고 주제도 정확히 파악한 것처럼 보입니다. 선생님께 제출하면 “참 잘했어요”라는 도장을 받기에 충분합니다. 하지만 냉정하게 말해, 이 글에는 ‘R’이라는 아이가 존재하지 않습니다. 이 문장들은 교과서나 권장 도서 해설지에서 흔히 볼 수 있는 ‘빌려온 생각’들의 나열입니다. 책에 대한 정보는 넘치지만, 책을 읽으며 아이의 내면에서 일어난 파동은 전혀 느껴지지 않습니다.

같은 책을 읽은 또래 친구 S의 글은 사뭇 결이 다릅니다.

“나는 잎싹이 처음에는 좀 바보 같다고 생각했다. 왜 편안한 마당을 두고 저렇게 고생을 자처할까? 그런데 잎싹이 물오리를 품고 다니는 걸 보면서, 나도 나중에 누군가를 저렇게 목숨 걸고 지켜주고 싶다는 마음이 생겼다. 사실 나는 평소에 동생이랑 맨날 싸우는데, 오늘만큼은 잎싹처럼 동생을 넓게 품어보는 건 어떨까 생각했다. 사랑은 생각보다 힘든 일인 것 같다.”

글은 거칠고 정돈되지 않았습니다. 하지만 이 글에는 S의 ‘마음’과 ‘삶’이 살아서 숨 쉽니다. 책 속의 인물을 관찰하는 데 그치지 않고, 그 삶을 자신의 현실(동생과의 갈등)과 연결해 해석하고 있습니다. S는 책을 읽은 것이 아니라, 책이라는 거울을 통해 ‘자신’을 읽어낸 것입니다. 문장은 예쁘지 않아도 이 글은 '진짜'입니다. 타인의 언어를 빌려오지 않고 자신의 투박한 언어로 삶을 명명했기 때문입니다.

📖 ' 생각을 표현한다는 것의 진짜 힘: 사고의 정교화

단순히 '창의성이 중요하다'는 식의 이론적 접근은 아이들의 글쓰기에 와 닿지 않습니다. 생각을 표현한다는 것의 진짜 힘은 '막연한 느낌을 선명한 개념으로 바꾸는 과정'에 있습니다.

아이들은 책을 읽고 나면 "그냥 좋았어요, 슬펐어요"와 같은 모호한 감정의 덩어리를 갖게 됩니다. 이때 형식적인 독후 활동지가 아닌, 자신의 생각을 자유롭게 표현하도록 유도하면 아이의 뇌에서는 놀라운 변화가 일어납니다. 슬픔의 이유를 찾기 위해 기억을 뒤지고, 그 슬픔이 '억울함'인지 '안타까움'인지 구분하기 위해 적절한 단어를 고르는 과정에서 아이의 사고는 비약적으로 정교해집니다.

글로 써지지 않은 생각은 공기 중으로 흩어지는 연기와 같습니다. 하지만 어설프게라도 문장으로 고정시키는 순간, 그 생각은 비로소 아이의 지적 자산이 됩니다. 생각을 잘 쓰는 아이는 단순히 국어를 잘하는 아이가 아닙니다. 어떤 문제에 부딪혔을 때 자신의 내면을 들여다보고, 논리적인 근거를 찾아 타인과 공유할 줄 아는 '주체적인 인간'으로 자라납니다. 이것이 바로 우리가 '예쁜 문장'보다 '진심이 담긴 생각'에 집중해야 하는 이유입니다.

📖 '글을 쓰는 아이'인가, '생각을 담는 아이'인가?

아이의 글이 성장에 도움이 되길 원한다면, 이제 평가자의 시선을 거두어야 합니다. 문장이 비문(非文)이라 할지라도, 그 안에 아이만의 독특한 시선이나 솔직한 고백이 담겨 있다면 그것을 먼저 발견하십시오.

"이 대목에서 동생 이야기를 꺼낸 게 참 놀랍구나. 네가 잎싹을 보며 그런 연결고리를 찾아낼 줄 몰랐어."

부모의 이런 한마디는 아이에게 '내 생각은 가치 있다'는 확신을 줍니다. 맞춤법이나 문장 구조는 시간이 흐르고 독서량이 쌓이면 자연스럽게 보정됩니다. 하지만 한 번 굳어버린 '형식적인 사고'는 좀처럼 바뀌지 않습니다.

글쓰기는 기술이 아니라 태도입니다. 세상을 향해 자신의 목소리를 내는 용기이며, 자신의 내면을 정직하게 마주하는 성찰의 시간입니다. 아이가 '잘 쓴 글'의 압박에서 벗어나 '자기 생각'을 자유롭게 배설할 수 있을 때, 비로소 아이의 문해력은 폭발적으로 성장합니다. 예쁜 문장에 집착하지 마십시오. 아이의 투박한 문장 속에 숨겨진 '존재의 빛'을 믿고 기다리세요. 자기 언어를 가진 아이는 결코 세상을 두려워하지 않습니다.

글을 쓰는 기술은 연습으로 향상됩니다. 그러나 생각을 담는 글쓰기는 성찰과 관계 속에서 자랍니다. 우리는 아이가 쓴 글에서 문장을 고치기보다, 그 문장을 꺼내게 만든 아이의 '마음'을 먼저 읽어 주어야 합니다. 가장 좋은 글쓰기 교육은 '생각을 표현해도 괜찮다'는 신뢰에서 시작됩니다. 그 신뢰는 아이가 단어를 고를 때, 문장을 다듬을 때, 마음을 꺼낼 때마다 조금씩 자라납니다.

디지털 시대의 글쓰기, 무엇이 다를까?

우리는 지금 '누구나 글을 쓰는 시대'에 살고 있습니다. 스마트폰 하나로 SNS에 글을 올리고, 메신저에서 자신의 생각을 전하며, 댓글로 의견을 표현합니다. 하루에도 수십 번, 수백 번씩 우리는 무언가를 쓰고 있습니다. 하지만 이 글쓰기의 양이 곧 글쓰기의 '질'을 의미하진 않습니다. 디지털 시대, 글을 '많이' 쓰는 시대이지만, 과연 '잘' 쓰고 있는 것일까요?

📖 디지털 시대가 요구하는 글쓰기 역량

디지털 환경에서는 글쓰기의 목적과 방식이 빠르게 변하고 있습니다. 가장 눈에 띄는 특징은 다음과 같습니다.

1. **짧고 명확한 표현:** 긴 글보다 짧은 문장, 핵심 메시지를 선호하는 문화가 확산되고 있습니다.

2. **즉각적인 반응성:** SNS나 커뮤니티에서는 반응 속도가 중요해지며, 생각을 빠르게 정리하는 능력이 요구됩니다.

3. **비선형적 구조:** 블로그, 유튜브 자막, 카드뉴스 등에서는 글이 반드시 서론–본론–결론 순으로 흘러가지 않습니다. 핵심을 먼저 제시하고 설명을

보충하는 형태가 많습니다.

4. 비판적 문해력: 정보가 넘치는 시대, 글을 읽고 쓰는 것 이상으로 '선별하고 해석하는 능력'이 중요합니다.

디지털 글쓰기는 단순한 언어 사용이 아니라, 소통의 전략이자 자기 브랜드를 만드는 도구가 되어가고 있습니다. 이런 시대에 아이들이 글을 쓴다는 것은 곧, 자신을 표현하고 관계 맺는 새로운 방식을 익힌다는 의미입니다.

📖 키보드 글쓰기 vs 손글쓰기, 무엇이 다른가?

디지털 도구를 통해 글을 쓰는 것이 일상화된 지금, 손으로 글을 쓰는 경험은 점점 줄어들고 있습니다. 그러나 두 방식은 뇌의 활성화 영역부터 글의 완성도에 이르기까지 분명한 차이를 보입니다.

1. **속도 vs 깊이:** 키보드로 글을 쓰면 속도가 빠르고 많은 양을 짧은 시간에 쓸 수 있습니다. 반면 손글쓰기는 느리지만 사고의 속도를 조절하며 더 깊이 생각하게 합니다.

2. **편집 중심 vs 사유 중심:** 키보드는 언제든지 지우고 다시 쓸 수 있어 '편집'에 강점을 가지지만, 손글쓰기는 구조와 표현을 미리 떠올리고 정리하는 데 더 도움이 됩니다.

3. **기억의 지속성:** 여러 연구에 따르면 손글쓰기를 한 내용이 기억에 오래 남고, 이해도 또한 더 높게 나타납니다.

교육심리학자 피셔와 프라이(Fisher & Frey, 2014)는 손으로 쓰는 행위가 뇌의 언어, 운동, 시각 영역을 동시에 자극하여 기억력과 이해도를 향상시킨다고 밝혔습니다. 뇌과학자 마리아 코네코바(Konnikova, 2014) 역시 "손글쓰기는 단순한 기록이 아니라 사유의 확장"이라고 설명한 바 있습니다.

특히 어린 시절의 손글쓰기는 단어 하나하나에 주의를 기울이게 하고, 글의 구성과 흐름을 눈으로 확인하며 조절하는 힘을 기릅니다. 손으로 쓰는 글은 '과정 중심의 글쓰기'를 가능하게 합니다. 디지털 글쓰기가 '산출'에 집중된다면, 손글쓰기는 '사유'에 집중된다고 볼 수 있습니다. 디지털 시대일수록 손글쓰기가 아이의 사고 깊이를 지탱해주는 중요한 축이 될 수 있습니다.

📖 SNS 글쓰기, 무엇이 문제인가?

아이들이 가장 많이 접하는 글쓰기 환경은 바로 SNS입니다. 친구와의 대화, 짧은 후기, 댓글과 피드백 등은 모두 디지털 글쓰기의 일환입니다. 그러나 이 환경에는 몇 가지 특징이 있습니다.

과도한 감정 표현: 이모지, 비속어, 과장된 표현 등이 난무하며 감정의 표현 방식이 과도해지기 쉽습니다.

생각보다 반응 중심: 어떤 생각을 전달하기보다는 '좋아요'를 많이 받을 문장을 찾게 됩니다.

빠른 글쓰기 습관화: 내용을 정리하거나 구조화하기보다는 즉각적으로 반응하는 습관이 자리 잡습니다.

물론 SNS 글쓰기는 아이가 자신의 의견을 표현하고, 사람들과 연결되는 긍정적 기능도 있습니다. 하지만 이는 '기초 글쓰기 역량'이 바탕이 되었을 때 가능한 일입니다. 기반 없이 SNS 글쓰기에만 노출된 아이는 깊이 있는 표현, 구조적인 글, 비판적 시각이 부족해질 수밖에 없습니다.

📖 디지털 시대, 어떤 글쓰기 역량을 키워야 할까?

1. **생각을 구조화하는 능력:** 어떤 글이든 논리적 순서와 개연성 있는 흐름이 필요합니다. 이야기의 시작-전개-결말을 스스로 설계해보는 글쓰기 경험이 중요합니다.

2. **자기표현의 정직함:** 디지털 글쓰기는 이미지와 필터로 감정이 왜곡되기 쉽습니다. 아이에게는 '자기감정'을 솔직하고 일관성 있게 표현하는 연습이 필요합니다.

3. **속도가 아닌 방향:** 글을 빨리 쓰는 능력보다, 정확한 언어로 자신을 표현하는 연습이 필요합니다.

4. **읽고 쓰는 연결성:** 디지털 시대일수록 책을 기반으로 한 글쓰기, 독서 기반 글쓰기가 중요합니다. 좋은 글을 읽고 모방하는 것은 생각을 정돈하고 자기 언어를 만들 수 있는 가장 효과적인 방법입니다.

디지털 시대의 글쓰기는 '속도'보다 '질', '기술'보다 '사고'를 중심에 둬야 합니다. 이를 위해 가정과 학교에서 실천할 수 있는 방법을 안내합니다.

1. **책을 읽고 손으로 요약해보기:** 키보드가 아닌 손으로 요약해보는 활동은

독해력과 표현력을 함께 키워줍니다.

2. **일상 속 자기 글쓰기 습관화:** 오늘 느낀 감정, 친구와 나눈 이야기 등을 손글씨로 일기처럼 기록해보는 것부터 시작합니다.

3. **SNS 글쓰기와 구분되는 '사적인 글쓰기' 교육:** 즉각적인 반응보다 사유의 시간이 필요한 글쓰기를 따로 지도할 필요가 있습니다.

4. **디지털 도구를 활용하되 휘둘리지 않기:** 노션, 워드, 타이핑 기반 앱을 활용하되, 콘텐츠의 질을 판단하는 눈도 함께 길러야 합니다.

디지털 시대의 글쓰기는 더 빠르고, 더 넓게 퍼지지만 그만큼 얕고 휘발되기 쉽습니다. 그 속에서도 자기만의 목소리를 가지고, 생각을 정리해 표현할 수 있는 아이는 결국 자기 삶을 주도하는 힘을 가지게 됩니다. 이제 우리는 아이들에게 글을 '어떻게 쓰는지'가 아니라 '왜 써야 하는지', '무엇을 써야 하는지'를 먼저 가르쳐야 합니다. 자기 언어로 세상을 살아가는 아이, 그 첫걸음은 여전히 종이와 연필로부터 시작될 수 있습니다.

실패 경험도 배움이 되는 성장 글쓰기

📖 실패는 모든 아이가 겪는 일입니다

실패는 누구에게나 오는 순간입니다. 하지만 아이들에게 실패는 훨씬 더 커다랗고 두려운 벽처럼 느껴지곤 합니다. 처음 치른 시험에서 성적이 기대에 못 미쳤을 때, 친구와의 관계에서 상처를 받았을 때, 아이들은 이 작은 실패 앞에서 세상이 무너지는 듯한 감정을 경험합니다. 그때 어른들은 말합니다. "괜찮아, 다시 하면 돼." 그러나 아이의 마음속에는 그 말이 잘 닿지 않습니다. 다시 하기가 쉽지 않기 때문입니다.

요즘 아이들은 실패에 약합니다. 무엇이든 미리 준비되고 정답이 정해진 세상 속에서 자라다 보니, 계획과 다르게 흘러가는 일상에 적응하는 능력이 점점 줄어들고 있습니다. 문제는 이 실패에 대한 '두려움'이 새로운 도전을 막아선다는 데 있습니다. 잘하고 싶은 마음은 굴뚝같지만, 혹시라도 실패할까 봐 애초에 시도조차 하지 않는 아이들이 늘어나고 있습니다. 그렇다면 이 두려움의 벽을 넘는 방법은 무엇일까요? 저는 그 시작이 바로 글쓰기에 있다고 믿습니다.

아이들은 말로는 쉽게 털어놓지 못하는 감정을, 글에서는 오히려 솔직하게 꺼내놓습니다. 친구에게 차였던 날, 시험 성적이 떨어졌던 날, 엄마에게 혼났던 날…. 그날의 마음을 글로 써보는 순간, 아이는 자신을 있는 그대로 마주하게 됩니다. '나는 이런 일이 있었고, 그래서 이런 감정을 느꼈고, 그걸 이렇게 넘기고 싶다.' 이 과정을 통해 아이는 상처를 어루만지고, 그 안에서 자라납니다.

초등 5학년 남학생이 수업 시간에 자신이 쓴 글이 부끄럽다며 조심스럽게 제출한 글이 있습니다. 그 글엔 친구에게 따돌림을 당했던 경험이 적혀 있습니다.

"그날 집에 와서 아무 말도 못 했다. 엄마가 물어봤지만 그냥 괜찮다고 했다. 그런데 진짜 괜찮은 척하려고 한 거였다. 지금은 많이 지나서, 그 친구랑 다시 말도 하게 됐다. 그때 내가 했던 말들, 다시 떠올려보니까 나도 조금 미안했던 게 있었다."

이 글을 읽어보면 이 아이가 한 발짝 회복의 방향으로 나아갔다는 것을 느낄 수 있습니다. 그냥 시간이 지나서가 아니라, 글을 쓰는 과정을 통해 스스로의 감정을 다시 들여다보았기 때문입니다.

📖 청소년기에 회복탄력성이 필요한 이유

청소년기에는 사회적 관계, 학업 스트레스, 정체성의 혼란 등 다양한 심리적 도전이 반복되기 때문에 회복탄력성은 아이의 정서적 안정과 미래의 성장을 좌우하는 핵심 요소가 됩니다. 회복탄력성은 '역경을 딛고, 유연하게 사고하며, 다시 앞으로 나아갈 수 있는 능력'입니다. 단지 긍정적인 말로 위로한다고 회복탄력성이 자라나는 것은 아닙니다. 감정을 정리하고, 경험을 해석하며, 자신의 언어로 표현하는 과정을 통해 서서히 성장합니다.

글쓰기는 단순한 표현 활동을 넘어서, 아이가 자신의 내면을 들여다보게 하는 거울이 됩니다. 특히 실패 경험을 글로 풀어낼 때, 아이는 자신이 겪은 감정과 상황을 객관적으로 재구성하며, 그 안에서 배울 점을 발견하게 됩니다. 이는 회복탄력성을 키우는 데 매우 중요한 과정입니다.

정신의학자 루시 허니(Hone, 2016)는 "실제 실패 경험을 '의미 있는 이야기'로 재구성할 수 있는 아이일수록 정서 회복이 빠르고 자존감이 높아진다"고 밝혔습니다. 그녀는 "고통을 다르게 말할 수 있다는 것은, 고통을 다르게 받아들이는 능력과 연결되어 있다"고도 강조했습니다.

실제로 한 중학교에서는 '회복 글쓰기 일기장'이라는 프로젝트를 통해 아이들이 실패나 실수 경험을 자유롭게 쓰도록 장려했습니다. 한 여학생은 "시험에서 또 떨어졌어요. 속상했지만 지난번보다는 눈물이 덜 났어요. 왜 떨어졌는지를 적으면서, 그다음엔 뭘 바꾸면 좋을지 생각했어요"라고 썼습니다. 이 일기장을 꾸준히 쓴 학생들은 그렇지 않은 학생들에 비해 학교생활 만족도, 스트레스 대처력에서 유의미한 향상을 보였습니다.

독서와 글쓰기를 통한 회복력 훈련은 단지 감정을 털어놓는 데서 끝나는 것이 아니라, 감정을 조절하고, 해석하며, 의미를 재구성하는 힘을 길러줍니다. 좋은 책은 아이의 상처에 조용히 말을 걸어주는 친구가 되고, 글쓰기는 그 친구와 대화하는 통로가 됩니다. 우리가 아이에게 해줄 수 있는 가장 큰 선물은 바로 "괜찮아, 네 이야기를 들어줄게"라는 메시지입니다. 그리고 글쓰기는 그 이야기를 꺼낼 수 있는 가장 따뜻한 방법 중 하나입니다.

글은 아이에게 두 가지 힘을 줍니다.

첫째는 '감정을 정리하는 힘'입니다. 마음속이 복잡할수록 아이들은 더 말을 잃습니다. 그러나 글을 쓰는 순간, 말로 표현되지 않던 감정이 문장이 되어 흐르기 시작합니다. 그 과정에서 아이는 감정을 구체화하고, 표현하는 힘을 키웁니다.

둘째는 '자기를 이해하는 힘'입니다. 우리는 종종 아이의 성장을 '성적'이나 '능력'으로만 판단하려 듭니다. 하지만 아이가 진짜 성장했다는 건, 자신을 이해하고 있는 그대로 받아들이는 능력이 자랐다는 뜻입니다. 글쓰기는 바로 이 자기를 이해하는 언어입니다.

실패를 적어보는 것은 쉽지 않습니다. 그러나 그 순간을 문장으로 옮겨보면, 아이는 자신이 실패만 한 것이 아니라 그 상황을 견뎌냈고, 다시 나아가고 있다는 사실을 깨닫게 됩니다. 그렇게 한 줄 한 줄 써내려간 글 속에, 아이의 회복탄력성이 차곡차곡 자라납니다. 이를테면 이는 '성장 글쓰기'라고 할 수 있습니다. 성적을 올리기 위한 글쓰기, 상을 받기 위한 글쓰기와는 결이 다른, 아이의 삶을 이해하고 스스로를 다독이기 위한 글쓰기입니다. 이 글쓰기에는 평가가 없습니다. 대신 진심이 있고, 다시 살아갈 수 있는 에너지가 있습니다.

디지털 기기 속에서 모든 것이 빠르게 지나가는 시대지만, 성장 글쓰기는 느리고 깊습니다. 아이의 마음을 따라 천천히 걸어야 하는 길입니다. 이 느림의 글쓰기를 통해 아이는 자신의 실패를 '의미 있는 이야기'로 바꾸게 됩니다. 그냥 아픈 일이 아니라, 자신을 키운 시간으로 기억하게 됩니다.

부모는 어떻게 도와줄 수 있을까요? 아주 간단합니다. 아이에게 이렇게 말해주세요. "힘들었던 일이 있다면 써봐도 좋아. 누군가에게 말하지 않아도 괜찮아. 그냥 너의 이야기를 너의 말로 써봐." 그리고 그 글을 읽게 된다면, 평가하지 말고 말해주세요.

"이런 마음이었구나. 너 정말 잘 견뎠구나."

회복은 누가 대신해줄 수 있는 것이 아닙니다. 아이 스스로 자기 언어로 자기 마음을 돌볼 수 있을 때, 진짜 회복이 시작됩니다. 책 한 권, 글 한 줄이 아이를 다시 일어서게 할 수 있습니다. 그리고 그것은 살아가는 힘이 됩니다. 지금 이 순간, 우리 아이들이 실패를 이야기할 수 있는 용기를 가질 수 있도록, 우리는 글쓰기라는 도구를 건네주어야 합니다. 그것은 단지 '글 잘 쓰는 법'을 가르치는 것이 아니라, 아이가 자기 삶을 껴안고 다시 앞으로 나아갈 수 있도록 돕는 일입니다. 그 아이가 쓴 문장 한 줄이 언젠가 '그때 나는 나를 지켰다'는 증거가 될 것입니다.

3장

읽기와 쓰기를 연결하는 힘

– 디지털 시대, 문해력의 확장

모든 것이 빠르게 변하는 디지털 시대입니다.

하지만 진짜 문해력은 보이지 않는 곳에서

나이테를 그리며 자라납니다.

읽기와 쓰기의 연결 고리가 단단해지는 시간이 필요합니다.

이 과정이 쌓일 때 아이의 세상은

비로소 흔들리지 않는 뿌리를 갖게 됩니다.

논술은 말이 아니라 문장의 싸움이다

앞에서 우리는 아이가 자신의 감정과 생각을 글로 표현하는 힘, 그리고 그 안에서 길러지는 회복탄력성과 자기 인식의 과정을 살펴보았습니다. 글쓰기란 단지 문장을 잘 만드는 기술이 아니라, 스스로의 삶을 해석하고 정리하는 '자기표현'의 방식임을 확인하는 시간이었습니다.

이제 그 읽기와 쓰기가 어떻게 만나고 연결되어, 아이의 사고를 넓히고 교과서 밖의 '진짜 문해력'으로 이어지는지 이야기해보려 합니다. '생각을 끝까지 표현하는 힘'—논술의 본질이 무엇인지, 어떻게 일상 속에서 자연스럽게 길러질 수 있는지를 살펴보겠습니다.

📖 말과 문장 사이에 있는 벽

"우리 아이는 말은 잘하는데 글을 쓰면 도무지 생각이 없어요."

많은 부모들이 하는 말입니다. 아이는 친구들 앞에서 발표도 곧잘 하고, 가정에서도 유쾌한 대화를 잘 주고받습니다. 하지만 막상 글을 쓰게 하면 머뭇거리며 한 줄 쓰기도 힘들어합니다. 이때 많은 어른들은 단순히 문장력을 문제 삼습니다. 단어가 빈약해서, 문법이 틀려서, 구성이 부족해서…. 그러나 진짜 문제는 그게 아닙니다.

문장은 생각을 담는 그릇입니다. 아이가 쓸 수 없는 것은 '글'이 아니라 '생각'입니다. 말은 감정과 리듬으로 포장되지만, 글은 생각 그 자체로 승부해야 합니다. 생각이 구체적이지 않으면 문장은 흐릿해지고, 생각이 깊지 않으면 문장은 평면적으로 흐릅니다.

📖 논술의 본질은 '사고 구조화'

어떤 부모들은 "논술은 중학교 때나 하면 되죠"라고 말합니다. 하지만 그때는 늦습니다. 논술은 단기간에 성과를 내는 시험이 아니라, 오랜 시간 동안 사고의 근육을 단련시켜야 하는 과정입니다.

프랑스 교육철학자 에마뉘엘 바르비에(Barbier)는 "어린 시절부터 질문에 익숙한 아이는, 성장해서도 논리를 잃지 않는다"고 말했습니다. 실제로 프랑스의 대학입학 자격시험인 '바칼로레아(Baccalauréat)'는 단순한 지식 암기를 평가하지 않습니다. 핵심 과목 중 하나인 철학 시험에서는 주어진 주제에 대해 논리적으로 사고하고 문장으로 정리해 나가는 힘을 평가합니다.

예를 들어, "자유란 무엇인가?, 모든 진리는 증명 가능한가?" 같은 문제 앞에서 학생은 책에서 배운 개념을 떠올리고, 자신의 생각을 논리적으로 연결해 긴 글을 작성해야 합니다. 이 과정을 통해 '글쓰기'는 단지 문장을 쓰는 기술이 아니라, 스스로 사고하고 판단하는 삶의 훈련이 됩니다. 이 말처럼 논술은 질문하는 힘, 그 질문에 스스로 답을 찾아가려는 힘에서 출발합니다. 즉, 생각하는 습관이 글쓰기의 근간이 됩니다.

논술은 단순히 '글을 잘 쓰는 시험'이 아닙니다. 논술은 생각을 구조화하는 훈련입니다. 자신이 무엇을 주장하고, 왜 그렇게 생각하며,

어떤 근거와 예시로 뒷받침할지를 구성하는 과정입니다. 이때 필요한 것이 '쓰기 틀'을 제공하는 것입니다. 다음과 같은 질문 방식은 아이들이 생각을 문장으로 정리하는 데 큰 도움을 줍니다.

1. 나는 이 문제에 대해 어떤 입장을 가지고 있는가?
2. 그렇게 생각하게 된 이유는 무엇인가?
3. 그 이유를 뒷받침하는 경험이나 사례는 무엇인가?
4. 다른 입장은 무엇이며, 나는 왜 그것에 동의하지 않는가?
5. 내가 얻은 깨달음이나 앞으로의 다짐은 무엇인가?

이렇게 눈에 보이는 과정으로 구체화해주면 아이들은 말처럼 흘려보내던 생각을 문장으로 잡아채는 훈련을 시작하게 됩니다.

📖 실전 논술, 말하기 훈련이 먼저다?

논술 수업을 시작할 때 부모들이 가장 먼저 던지는 질문 중 하나가 "우리 아이가 말은 잘하는데 왜 글쓰기는 힘들어할까요?" 또는 "논술 실력은 말하기부터 훈련하면 되는 거 아닌가요?"입니다. 이 질문은 겉으로 보기에 합리적으로 들리지만, 사실 글쓰기와 말하기는 같은 언어 능력에 뿌리를 두고 있지만 기능과 과정이 매우 다른 두 영역입니다.

흥미롭게도, 실제 논술 수업에서는 말하기 훈련이 선행될수록 글쓰기 효과가 커진다는 연구 결과들이 있습니다. 말로 먼저 자신의 생각을 풀어내게 한 뒤, 그것을 '구조화된 문장'으로 재정리하는 연습을 하면 아이들은 훨씬 자연스럽게 논리 구조를 익히게 됩니다. 그러나 이

때 중요한 점은, 말이 문장이 되는 과정을 스스로 느끼게 하는 것입니다. "그럼 이걸 글로 쓴다면 어떻게 쓸까?"라는 질문은 단순한 쓰기 지시가 아니라, 사고의 전환을 유도하는 중요한 질문이 됩니다.

말하기는 '순간의 언어', 글쓰기는 '사고의 언어'입니다. 말하기는 실시간으로 이루어지는 언어 활동입니다. 감정과 생각이 채 다듬어지기 전에도 상대의 반응을 의식하며 즉각적으로 반응합니다. 그렇기 때문에 순간적인 유창함이나 말재주로 의사 표현이 가능하지요. 하지만 글쓰기는 다릅니다. 문장을 구성하고, 생각의 흐름을 조율하고, 표현을 정돈하는 '정지된 언어'의 세계입니다. 말을 잘하는 것과 글을 잘쓰는 것이 일치하지 않는 이유도 여기에 있습니다.

'말하기는 감정을 실어 나르는 수단이지만, 글쓰기는 감정을 해석하는 도구다'라고 할 수 있습니다. 생각을 끝까지 밀고 나가고, 논리를 정돈해 문장으로 완성하는 것은 훈련 없이는 불가능한 일입니다. 논술은 '질문→사고→조직→표현'의 네 단계를 포함합니다. 말하기는 '느낌→표현'으로 이어지는 것이 가능하지만, 논술은 다음 네 단계를 밟아야 합니다.

1. 질문을 이해한다. (무엇을 묻고 있는가?)

2. 자기 생각을 떠올린다. (나는 이 질문에 어떤 관점이 있는가?)

3. 논리 구조를 설계한다. (생각을 어떻게 구성할 것인가?)

4. 문장으로 표현한다. (구체적이고 타당한 글로 완성할 수 있는가?)

이 과정은 단순히 말하기 훈련만으로는 채워지기 어렵습니다. 말은 자기 생각을 가볍게 던질 수 있지만, 글은 그것을 책임 있게 설득력 있는 문장으로 '엮어내야' 하기 때문입니다.

📖 **실전 논술, 말 잘하는 아이가 아닌 '논리적으로 쓰는 아이'를 키우는 일**

실제로 논술을 지도하다 보면, 말은 유창하지만 글로는 아무것도 하지 못하는 아이들이 꽤 많습니다. 예를 들어, 한 중학교 1학년 남학생은 수업 중에는 열정적으로 자신의 생각을 말하곤 했습니다. 하지만 첫 논술 글쓰기에서는 '이 글이 왜 이렇게 짧아?'라고 느껴질 만큼 간단한 줄글 하나를 제출했습니다. 그 이유를 물었더니, "머릿속엔 많은데, 뭐부터 써야 할지 모르겠어요"라고 대답했습니다.

발표는 활발하게 잘하지만, 막상 논제를 주고 글을 써보라고 하면 10분도 채 안 되어 "쓸 게 없어요"라고 말합니다. 이는 사고의 흐름을 글로 이어가는 연습이 부족한 탓입니다. 생각을 논리적으로 정리하고 문장으로 옮겨내는 훈련 없이 말하기만으로는 실전 논술에서 실력을 발휘할 수 없습니다. 이처럼 말로 넘치던 생각이, 글에서는 길을 잃는 일은 매우 흔합니다.

말하기에서 글쓰기로, 사고의 밀도를 높이는 연습이 필요합니다. 그렇다면 말하기 훈련이 필요 없다는 말일까요? 그렇지 않습니다. 말하기는 아이의 표현 욕구와 자신감을 끌어내는 데 좋은 출발점입니다. 다만, 말로 끝나지 않고 그것을 글로 '다듬는' 과정이 함께 가야 합니다. 아이가 말로 이야기한 생각을 그대로 받아적게 하고, 그 말들을 이어서 문장으로 구성해보는 연습도 좋습니다. 또한 논술 수업에서는 '말로 풀어본 생각'을 글로 정리하는 활동을 꾸준히 반복해야 합니다.

이때 중요한 것은 '얼마나 예쁘게 썼는가'가 아니라 '생각의 줄기를 끝까지 따라갔는가'입니다.

　논술은 말이 아니라 질문과 문장의 싸움입니다. 논술은 단순히 '논리적으로 잘 써야 한다'는 지침에서 끝나지 않습니다. 그보다 먼저, 생각을 문장으로 꺼내 보는 연습이 되어야 합니다. 말을 잘한다고 해서 논술을 잘하는 것이 아닙니다. 그 말이 생각을 품고 있고, 문장으로 옮겨질 수 있어야 비로소 논술이 시작됩니다.

　그러니 지금 아이가 논술에 서툴다고 너무 걱정하지 마세요. 오늘 한 문장이라도, 자기 생각을 담아 써보는 연습을 꾸준히 한다면, 그 문장들이 쌓여 사고의 틀을 만들고, 언젠가 '자기 생각을 가진 아이'로 자라게 될 것입니다. 그리고 그것이야말로, 디지털 시대를 살아가는 아이에게 가장 필요한 문해력의 힘이 될 것입니다.

좋은 독서가 좋은 글을 만든다

"글은 결국 머릿속에 쌓인 문장의 흔적이다."

이 문장은 독서와 글쓰기의 관계를 가장 정확하게 설명합니다. 글쓰기란 감정을 쏟아내는 일이기도 하지만, 동시에 사고를 구조화하고, 언어로 조직하는 일입니다. 이때 필요한 것이 바로 읽기를 통한 '언어의 샘'입니다. 읽기를 통해 축적된 표현, 문장, 사고의 방식은 글쓰기라는 활동을 통해 자연스럽게 흘러나옵니다. 하지만 그 '읽기'가 피상적이고 수동적이라면, 글은 깊이를 잃고 표면만 맴돕니다. 그렇기 때문에 '좋은 독서'는 단순히 책을 많이 읽는 것이 아니라, 스스로 의미를 길어 올릴 줄 아는 읽기여야 합니다.

📖 '좋은 독서'는 무엇을 읽느냐보다 '어떻게' 읽느냐다

좋은 독서란 줄거리를 따라가는 독서가 아닙니다. 스스로 질문하며 맥락을 파악하고, 인물의 감정과 갈등에 이입하며 읽는 독서입니다. 이런 독서는 언어 능력뿐만 아니라 해석력과 사고의 탄탄한 근거를 만들어냅니다.

예컨대 아이가 〈플란다스의 개〉를 읽고 나서 "네로가 불쌍해요"라고만 말한다면, 그것은 감상의 수준에서 멈춘 독서입니다. 하지만 "왜 어른들은 네로에게 그렇게 무관심했을까?, 당시에 가난한 사람은 어떤 삶을 살았을까?" 같은 질문을 스스로 던질 수 있다면, 아이는 단순한 독자가 아닌 '텍스트 해석자'가 됩니다. 이 수준의 독서는 글을 쓸 때, '자기 생각이 담긴 글'을 가능하게 합니다.

우리는 종종 아이에게 "진심을 담아 써봐, 네 느낌을 써보렴"이라고 말합니다. 감정은 중요합니다. 하지만 좋은 글은 단순한 감정의 나열이 아닌, 구조화된 사고의 산물입니다. 좋은 글을 쓰기 위해 필요한 것은 '문장의 기술' 이전에 '생각의 방향'입니다. 생각이 정리되어 있어야 문장이 자연스럽게 나옵니다. 그리고 생각은 읽기를 통해 자라납니다.

하버드 교육대학원의 교육학자 앨런 콜린스는 "생각하는 글쓰기의 바탕에는 비교와 추론, 예측과 해석의 읽기 경험이 자리 잡고 있다"고 말했습니다. 다시 말해, 아이가 인물의 선택을 비판하고, 다른 결말을 상상해보고, 글의 관점을 전환해보는 독서 경험이 쌓여야 진짜 글쓰기의 힘이 나오는 것입니다. 좋은 글은 감정이 아니라 구조로 완성됩니다.

📖 좋은 글은 좋은 독서 이후의 '사고 습관'이다

많은 부모가 여전히 고전, 위인전, 교양서적 등 '좋은 책 리스트'를 아이에게 권합니다. 물론 양질의 도서는 사고의 질을 높이는 데 도움이 됩니다. 하지만 더 중요한 건 그 책을 읽는 태도입니다. 같은 책을 읽고도 아이마다 전혀 다른 글을 쓰는 이유는, 책을 바라보는 시선이 다르기 때문입니다. 어떤 아이는 책 속 장면을 지나치며 받아들이고, 어떤 아이는 그 장면에 머무르며 질문을 던지고, 자신의 경험과 연결합니다. 후자의 아이가 쓰는 글은 단순한 줄거리 요약이 아니라, 감정과 해석, 그리고 자신의 이야기가 함께 녹아 있는 글이 됩니다.

독서는 단순한 정보의 습득이 아닙니다. 좋은 독서란 결국 '어떻게 생각하는가'를 훈련하는 시간입니다. 이 사고의 습관이 글쓰기에서 드러납니다. 예를 들어, 어떤 아이가 〈하얀 늑대의 숲〉을 읽고 "나는 주인공이 왜 결국 숲을 떠나야 했는지, 꼭 이해되지는 않았지만, 그 선택이 어쩔 수 없는 일이었다는 생각이 들었다. 왜냐하면…"으로 글을 시작한다면, 그 아이는 책을 읽으며 '의문 – 해석 – 납득'의 과정을 밟은 것입니다. 이런 과정은 훈련 없이 만들어지지 않습니다. 아이가 책을 읽고 질문하고, 감정과 정보를 연결지어 보는 시간이 반복될 때 사고가 구조화되고, 글로 이어집니다.

📖 글은 아이의 내면을 드러내는 또 하나의 독서

글쓰기는 읽기의 반대편에 놓인 것이 아닙니다. 오히려 읽기의 확장입니다. 아이가 쓴 문장을 들여다보면, 그 아이가 책을 어떻게 읽었는지 보입니다. 단어를 외운 것이 아니라 맥락을 이해하고, 남의 생각을 따라 쓴 것이 아니라 자기 생각으로 끌어온 독서가 있었는지를 말입니다. 좋은 독서는 자기 생각을 키우고, 자기 말로 표현하는 힘을 길러줍니다. 그리고 그 힘이 글이 되어 나올 때, 비로소 '말을 쓰는 아이'에서 '생각을 쓰는 아이'로 성장하게 됩니다.

좋은 독서는 스스로 질문하며, 생각하며, 경험과 연결하는 태도 있는 독서가 '좋은 글'을 만듭니다. 아이가 글을 잘 쓰는 것보다 더 중요한 건, '자기 생각을 표현할 수 있는 글'을 쓰는 힘입니다. 그리고 그 힘은, 오늘 아이가 어떻게 책을 읽고 있는지에서 시작됩니다. '정보의 소비자'가 아닌 '의미의 생산자'로 아이를 키우기 위해서 좋은 독서가 더 중요한 이유입니다.

읽기, 디지털을 품다

📖 읽기의 시대가 끝났다고요?

요즘 아이들이 책을 읽지 않는다는 이야기를 들으면, 사람들은 마치 '읽기'의 시대가 끝난 것처럼 말합니다. "요즘은 영상이 대세야", "글을 읽을 시간도, 집중력도 없어졌어"라는 말도 자주 듣습니다. 그러나 정말 그런 걸까요?

아이들이 하루에 접하는 정보의 양은 이전 세대보다 훨씬 많아졌습니다. 유튜브 자막, 메신저 알림, 검색창의 결과, 게임 속 미션 안내, 웹툰의 대사들까지…. 아이들은 여전히 텍스트를 '읽고' 있습니다. 다만 그것이 '깊이 있는 읽기'인지, 그리고 '생각을 성장시키는 읽기'인지는 전혀 다른 문제입니다. 디지털 시대에 읽기는 끝난 것이 아니라, 형태와 방식이 바뀌고 있을 뿐입니다. 지금 우리에게 필요한 건, 책과 스크린을 대립적으로 보지 않는 눈입니다. 오히려 아이가 디지털 속 읽기를 통해 사고하고, 성장할 수 있도록 안내하는 독서 환경이 절실합니다.

많은 부모들이 스마트폰과 책 사이에서 갈등합니다. '이건 공부, 저건 중독'이라는 이분법으로 아이를 다그치지만, 아이는 점점 더 책에서 멀어집니다. 하지만 아이들의 일상은 이미 디지털과 맞닿아 있습니다. 그렇다면 책과 디지털을 갈라놓는 대신, 어떻게 '잇는가'를 고민해야 합니다.

예를 들어, 아이가 웹툰 〈정년이〉를 재미있게 본다면, 같은 시대를 배경으로 한 에세이나 인물 전기, 혹은 관련 다큐멘터리 영상으로 독서 영역을 확장할 수 있습니다. 게임을 좋아하는 아이에게는 게임 세계관과 유사한 판타지 소설, 탐험 에세이, 전략적 사고를 다룬 논픽션이 좋은 징검다리가 될 수 있습니다. 이것이 바로 '디지털−텍스트 혼합 독서'입니다. 아이의 관심을 출발점으로 삼아 '깊이 있는 읽기'로 이끌어주는 전략입니다.

📖 디지털 시대에도 책은 유효한가?

디지털 시대에도 그 방식이 달라질 뿐 책은 여전히 유효합니다. 디지털 환경 속에서 아이들은 짧고 빠른 정보를 선호하게 됩니다. 짧은 영상, 10초 안에 요약된 뉴스, 핵심만 담긴 문장을 통해 정보 소비에는 익숙해지지만, 깊이 있는 독해력과 맥락 이해력은 점점 약해집니다.

2023년 교육부가 실시한 중학생 문해력 진단평가에서는 전체 학생의 42%가 '중간 수준 이하'로 판정되었습니다. 특히 정보 간의 인과관계 파악이나 비판적 사고에 기반한 해석 능력에서 큰 약점을 보였습니다. 이는 아이들이 '글을 해독할 줄은 알지만, 이해하고 해석할 줄은 모른다'는 것을 의미합니다. 이런 상황일수록 서사적 흐름이 있는 긴 글을 꾸준히 읽는 경험은 더 중요해집니다. 책은 여전히 아이의 '생각의 근육'을 길러주는 가장 강력한 도구입니다.

디지털 리터러시(Digital Literacy)는 단순히 '컴퓨터를 다룰 줄 아는 능력'을 뜻하지 않습니다. 그것은 디지털 환경 속에서 정보를 비판적으로 이해하고, 선택하며, 새로운 의미로 재구성할 수 있는 힘을 말합니다. 다시 말해, 읽고, 해석하고, 생각하고, 표현할 수 있는 능력입니다.

하버드대학교 교육대학원에서 제시한 미래형 문해력 요소에는 기존의 읽기·쓰기 능력 외에도 '멀티모달(텍스트, 음향, 이미지 등 다양한 정보 유형을 통합해 사용하는 것) 텍스트의 해석', '출처 평가 능력', '의미 구성력'이 포함되어 있습니다. 디지털 환경에서의 읽기는 단순히 문장을 해독하는 것이 아니라, 의도를 파악하고, 진위를 가리고, 핵심을 짚어내는 종합적 사고력을 요구합니다. 그렇기 때문에 디지털 시대의 독서는 책을 읽지 않아도 괜찮다는 선언이 아니라, 더 정제되고 비판적인 읽기가 필요하다는 경고일 수 있습니다.

📖 디지털 시대 읽기의 새로운 전략

그렇다면 디지털 세대의 아이들이 책과 다시 연결되기 위한 실질적인 방법은 무엇일까요?

짧은 책으로 연결하되, 의미는 깊게

처음부터 긴 책을 권하는 대신, 짧고 흥미로운 이야기책이나 그림책, 정보 글을 통해 '읽기의 맛'을 느끼게 해주는 것이 좋습니다. 단, 책에 대한 대화는 꼭 필요합니다. "이 책에서 가장 인상 깊었던 장면은? 이런 상황에서 너라면 어떻게 할까?" 같은 질문은 디지털 환경에서 부족해지기 쉬운 '맥락 사고력'을 키워줍니다.

책과 영상의 연계 활동

책을 읽은 후 관련된 다큐멘터리나 애니메이션을 함께 보는 것은 사고의 확장에 도움이 됩니다. 예를 들어, 〈갈매기의 꿈〉을 읽고 바다 생태계에 대한 영상으로 연결하거나, 역사 소설과 다큐멘터리를 함께 보는 활동도 유익합니다.

디지털 자료의 선별력 키우기

아이가 유튜브, 블로그, 뉴스 등을 자주 활용한다면, '정보의 출처'를 따져보는 연습을 함께 해보는 것이 중요합니다. 같은 주제의 글이나 영상이라도 출처에 따라 신뢰도가 다르다는 것을 알게 되면, 자연스럽게 비판적 사고가 자랍니다.

'읽기 루틴'에 디지털을 끼워 넣기

무조건 책만 읽게 하는 것이 아니라, 하루 30분 독서 시간 안에 '책 20분+흥미 있는 디지털 읽기 10분'처럼 섞어보는 것도 전략이 될 수 있습니다. 단, 부모는 디지털 자료를 함께 선별하고, 읽은 후 간단한 대화를 나누는 것이 좋습니다.

📖 새로운 시대, 더 강해져야 할 '읽는 힘'

우리는 아이들이 디지털 세계 속에서 길을 잃지 않기를 바랍니다. 그 길을 잃지 않게 해주는 단 하나의 능력, 바로 '읽는 힘'입니다. 그리고 그 읽는 힘은 더 이상 책 속에서만 길러지는 것이 아니라, 디지털과 텍스트가 교차하는 모든 지점에서 자라날 수 있습니다. 디지털을 막는 것이 아니라, 이해하고 품어내는 독서 교육. 그것이 오늘날 부모와 교사가 함께 나아가야 할 방향입니다. 책과 디지털, 두 세계를 함께 살아갈 수 있도록 아이의 '읽기'를 다시 설계해야 할 때입니다.

책 속에서 '나'를 만나는 글쓰기

📖 디지털 시대, 자기서사를 가진 아이가 강하다

읽기는 공감이며 쓰기는 정체성이라고 할 수 있습니다. 한 아이가 이런 글을 썼습니다.

"내가 가장 싫어하는 말은 '넌 원래 그런 애잖아'다. 난 원래 어떤 애인지 잘 모르겠는데. 그냥, 나를 좀 더 천천히 알아봐 줬으면 좋겠다."

이 글은 어떤 책을 읽고 쓴 감상문도, 어떤 과제도 아니었습니다. 교실 한편에 놓인 자유 글쓰기 코너에서 아이가 자발적으로 쓴 글이었습니다.

글이란, 결국 아이가 자기 안을 들여다보는 언어입니다. 그리고 그 출발은 읽기에서 시작됩니다. 책 속의 이야기가 '타인의 삶'을 보여주면, 글쓰기는 '나의 삶'을 구성해 갑니다. 디지털 시대, 이 두 가지가 함께 연결될 때 비로소 아이는 '문해력'을 뛰어넘는 힘을 갖게 됩니다.

최근 초등학생부터 고등학생까지 '자기서사(Self-narrative)'가 매우 중요한 키워드로 떠오르고 있습니다. 이는 단순한 자아 인식의 수준을 넘어, 자신의 삶을 주체적으로 해석하고 의미화하는 능력, 다시 말해 '삶을 이야기로 설명하는 능력'입니다. 하버드대학교 교육학자인 하워드 가드너(Howard Gardner)는 "자기서사 능력이 강한 아이는 위기의 순간에도 스스로 정체성과 동기를 재구성할 수 있다"고 말합니다. 그리고 그 서사의 씨앗은, 대부분 어떤 '읽기 경험'에서 시작됩니다. 책 속의 인물이 고민하는 장면에서 자신의 감정을 떠올리고, 이야기의 결말을 보며 나의 미래를 상상해보는 경험은 아이 안에 조용한 질문을 심습니다.

"나는 어떤 아이일까?"

"나는 저 상황에서 어떻게 했을까?"

"나는 나를 어떻게 설명할 수 있을까?"

이때의 글쓰기는 감상을 정리하거나 줄거리를 요약하는 글이 아닙니다. 책을 읽은 '나'의 감정, 태도, 가치관, 세계관을 쓰는 과정, 그것이 바로 읽고 나를 쓰는 힘입니다.

우리는 지금, 아이들이 일상을 디지털로 소비하는 시대에 살고 있습니다. 영상은 10초 안에 요약되고, '좋아요'의 개수가 이야기의 질을 평가하며, 자기표현은 이모티콘 몇 개로 대체됩니다. 이 속도와 효율의 세계는 자기서사 능력을 점점 약화시키고 있습니다. "오늘 뭐가 좋았어?"라는 질문에 "몰라요"라고 답하고, 자기소개서 한 문장을 쓰는 데 한 시간을 고민하며, "자신의 장점은?"이라는 질문 앞에서 말문이 막히는 아이들.

이것은 단순한 글쓰기 기술의 문제가 아닙니다. 자기를 표현할 언어가 부족한 것입니다. 자기를 들여다본 시간과 경험이 부족한 것입니다. 그러나 아이들은 원래 자기 이야기를 하고 싶어 합니다. 단지 그 방법을 모르거나, 시도해보지 못했을 뿐입니다. 이럴 때 '읽기'는 말할 수 없는 자신을 대신 말해주는 창문이 되고, '쓰기'는 그것을 다시 나의 언어로 바꾸는 문이 됩니다.

2022년 OECD 교육보고서에서는 '미래 핵심 문해력' 중 하나로 서사적 리터러시(Narrative Literacy)를 꼽았습니다. 이는 텍스트를 이해하는 능력을 넘어, 삶의 경험을 이야기로 조직하고, 자신만의 목소리로 표현하는 능력을 포함합니다. 이 능력이 강한 아이는 AI 시대에도 흔들리지 않습니다. 왜냐하면 AI는 이야기할 수는 있어도 '자기 이야기'를 할 수 없기 때문입니다.

서사력은 고유한 인간의 힘이며, 주체적인 삶의 설계도를 만들어주는 힘입니다. 좋은 책은 이 서사력을 일깨워주는 최고의 도구입니다. 그리고 그 책을 읽고 자신의 감정과 생각을 글로 남기는 행위는 단순한 '감상 활동'이 아니라 미래를 위한 언어 훈련, 삶을 해석하는 뇌의 운동이 됩니다. 그렇다면 현실에서, 특히 학교나 가정에서 이 연결을 어떻게 도와줄 수 있을까요?

다음과 같은 자기서사 독서 글쓰기 질문을 통해 시작해 볼 수 있습니다.

"이 책을 읽고 지금의 내가 더 잘 보인다면, 그건 왜일까?"

"이 책의 주인공이 지금 내 옆에 있다면, 나는 어떤 이야기를 하고 싶을까?"

"내가 최근 겪은 일과 비슷한 장면이 있었다면?"

"이 책을 읽고 바꾸고 싶은 나의 모습은?"

질문은 정답을 묻지 않습니다. 대신 아이에게 자기 안을 탐색할 기회를 주고, 그 경험을 언어로 엮어보게 합니다. 이런 글쓰기 과정을 반복하면, 아이는 더 이상 '누가 시켜서 쓰는 글'을 쓰지 않습니다. 대신 스스로 "나는 이런 생각을 했어, 나는 이렇게 느꼈어"라고 말할 수 있게 됩니다. 그것이 문해력의 확장이고, 자기서사를 갖는 아이로의 전환입니다.

📖 서사의 시대, 우리는 무엇을 키워야 하는가?

디지털 기술이 아무리 발달해도, 인간은 이야기하는 존재입니다. 그리고 그 이야기는 가장 먼저 자신에 대한 이야기에서 시작됩니다. 읽기와 쓰기를 연결하는 교육은 더 이상 국어 과목만의 일이 아닙니다. 그것은 아이의 자기 이해, 정서 조절, 관계 형성, 삶의 의미 해석과 연결된 통합적인 삶의 기술입니다. 디지털 시대에도 '문해력'은 여전히, 아니 오히려 더 중요해졌습니다. 그 문해력은 책과 나, 타인과 나, 세상과 나를 연결하는 문장 안에 자랍니다. 아이의 글이 더 깊어지기 위해서는 더 깊은 '읽기'가 필요합니다. 그리고 그 읽기를 통해 스스로 말할 수 있는 아이야말로, 디지털 시대의 가장 강력한 리더가 될 것입니다.

4장

AI 시대, 인간을 인간답게 하는 힘
– 데이터 시대에 더욱 빛나는 감정, 사고, 창의력

지식의 양이 실력이 되는 시대는 끝났습니다.

이제는 수많은 정보 속에서 맥락을 읽어내고

타인의 아픔에 공감하는 '사고의 밀도'가 중요합니다.

글을 읽으며 행간의 감정을 포착하고,

글을 쓰며 복잡한 생각을 구조화하는 과정이

아이의 지능을 깨웁니다.

디지털 파도 속에서도 중심을 잡는 창의적 내공은

오직 읽고 쓰는 훈련을 통해서만 단단해집니다.

AI는 말할 수 있어도 느낄 수 없다

📖 인간의 언어는 감정을 품는다

AI가 우리 삶에 깊숙이 들어온 지금, 우리는 질문해야 합니다. '언어란 무엇인가?' AI도 문장을 만들고, 글을 요약하고, 문법적으로 완성된 문장을 생성합니다. 그러나 그 문장이 감동을 주고, 공감을 불러일으키며, 누군가의 마음을 흔드는 데는 한계가 있습니다. 왜일까요? 그것은 AI가 느낄 수 없기 때문입니다.

언어는 단순한 전달 수단이 아닙니다. 언어는 감정의 용기이자, 기억의 저장소이며, 관계의 다리입니다. 우리가 책을 읽고 눈물이 고이는 순간, 마음 깊은 곳에서 공감이 피어오를 때, 그것은 글이 아니라 사람의 감정을 따라가며 만들어진 이야기이기 때문입니다.

아이의 마음은 감정에서 자랍니다. 지금의 아이들은 디지털 환경 속에서 풍요로운 정보에 노출되어 있지만, 그만큼 정서적 공백을 경험하고 있습니다. 2023년 교육부와 한국청소년정책연구원의 조사에 따르면, 중학생의 약 42%가 "감정을 말로 표현하는 것이 어렵다"고 응답했고, 초등학생 중 상당수가 "마음이 힘들 때 표현할 곳이 없다"고 답했습니다.

디지털 도구는 정보를 줄 수는 있지만, 아이의 마음을 어루만지지는 못합니다. 이때 필요한 것이 바로 감정을 담은 언어입니다. 책을 읽고 글을 쓰는 활동은 단지 학습이 아니라, 아이가 스스로의 감정을 인식하고, 타인의 감정을 이해하며, 세상과 연결되는 감성적 성장의 과정입니다.

📖 OECD가 주목한 미래 교육의 열쇠: 감정적 문해력

OECD는 최근 수년간 학업 역량을 넘어서 아이들의 정서·사회적 역량에 주목해 왔습니다. 2022년 발표된 OECD의 '사회·정서 역량 조사(Survey on Social and Emotional Skills)'에서는 '감정적 문해력(Emotional Literacy)'을 미래 교육의 핵심 역량 중 하나로 제시했습니다. 감정적 문해력이란, 자신의 감정을 인식하고 조절하는 능력, 타인의 감정을 공감하는 능력, 그리고 그것을 적절한 언어로 표현할 수 있는 능력을 뜻합니다. OECD는 이러한 능력이 학업 성취뿐 아니라 삶의 만족도, 스트레스 대처, 사회적 관계, 장기적인 자기효능감에 밀접한 영향을 준다고 강조합니다.

이 보고서에 따르면, 공감력, 정서 조절, 낙관성, 사교성 등의 역량은 단순한 '부가적인 인성 요소'가 아니라, 학생의 학습 몰입도와 생활 만족도를 좌우하는 핵심 역량입니다. 디지털 기술이 발달한 시대일수록 이러한 감정 기반의 역량은 더 큰 가치로 떠오르고 있습니다.

📖 AI 시대의 역설: 인간만이 할 수 있는 것

AI는 이미 논술 첨삭을 하고, 작문을 도와주고, 책을 요약해주는 역할을 하고 있습니다. 이러한 기술은 분명 교육의 편리함을 높여줍니다. 그러나 동시에, '기계가 다 해주는 시대에 우리는 무엇을 가르쳐야 하는가'라는 질문을 던지게 합니다. 그 해답은 바로 '느끼는 능력'에 있습니다. AI는 언어를 분석하고 재조합할 수는 있지만, 아이가 왜 이 장면에서 슬퍼졌는지, 한 문장의 뉘앙스가 왜 뭉클한지 느낄 수는 없습니다.

이것이 바로 부모와 교사, 인간이 해야 할 일입니다. 느끼는 법을 가르치고, 표현하는 방법을 알려주며, 그것을 언어로 옮기는 과정을 곁에서 기다려주는 것. 감정을 이해하고 언어로 다듬는 과정에서 아이는 점점 더 '인간답게' 자랍니다. 디지털 시대의 아이들에게 필요한 것은 단순한 정보 습득이 아닙니다. 정서적 안전감, 표현할 수 있는 언어, 마음을 알아주는 어른이 필요합니다. 부모와 교사는 먼저 아이의 문장을 기다려주고, 평가보다 경청을 우선해야 합니다. "왜 이렇게 썼니?"가 아니라 "이 문장을 쓸 때 어떤 마음이었니?"라고 물어보는 어른이 되어야 합니다.

AI는 글을 쓸 수 있지만, 상처받은 마음을 어루만지는 문장을 만들 수는 없습니다. 기계는 설명할 수 있지만, 공감할 수는 없습니다. 읽고, 쓰고, 느끼는 일을 여전히 우리 아이가 해야 하고, 그 곁을 지키는 어른이 있어야 합니다. AI 시대에도 여전히 가장 인간적인 교육은, 감정과 언어를 잇는 교육입니다.

감성·사고·창의력, AI 시대의 인간 역량 3요소

📖 **기술과 공존하는 아이, 사람다움을 잃지 않도록**

AI가 수업을 설계하고, 문제를 내며, 글까지 대신 써주는 시대가 되었습니다. 학부모와 교사들은 "이제 아이는 무엇을 배워야 할까? 사람이 가르치는 의미는 무엇일까?"라는 질문 앞에 서게 됩니다. 그러나 그럴수록 더욱 분명해지는 것이 있습니다. 우리가 아이에게 꼭 가르쳐야 할 것, 그것은 바로 감성과 사고력, 그리고 창의력입니다. AI는 문장을 말할 수 있지만, 느끼고 공감하며 새롭게 연결하고 발상하는 힘은 여전히 인간만의 영역입니다.

AI는 정해진 범주 안에서 정확하게 분석하고 요약합니다. 반면, 아이들은 엉뚱하고 비논리적으로 보이는 방식으로도 문제를 해결합니다. 이것이 창의력의 시작입니다. 미국 하버드 교육대학원에서는 창의력을 '기존 지식을 새롭게 조합해 자신만의 의미를 만드는 능력'으로 정의합니다. 디지털 시대일수록 이런 '융합적 사고력'이 중요해지며, 이는 감정에서 출발합니다. 아이가 책을 읽고 느낀 감정을 자기 언어로 풀어내며, 그 안에서 자신의 독창적인 시선을 발견하는 것, 그것이 창의적 사고의 토양입니다. 창의력은 단순한 발명이나 예술에 국한되지 않습니다. 새로운 질문을 던지고, 문제를 다각도로 해석하며, 관점을 전환하는 힘입니다.

1. 상상력 확장 질문 놀이

책을 덮은 아이에게 "이 이야기의 결말이 달랐다면 어땠을까?" 혹은 "주인공이 아닌 주변 인물의 입장에서 다시 본다면?" 같은 질문을 건네보세요. 이 과정은 단순한 줄거리 이해를 넘어, 아이의 사고를 입체적으로 만들어줍니다. 상황을 재해석하고, 인물의 입장을 바꿔보는 훈련은 바로 '상상력의 확장'이자 '사고력의 전환점'입니다. 실제 수업 사례에서도 이런 질문을 던졌을 때, 아이들이 기존에는 언급하지 않았던 인물의 감정이나 숨겨진 배경에 주목하며 '다르게 보기' 능력을 키워나가는 모습을 확인할 수 있습니다.

2. 비현실적 글쓰기

'만약 내가 어제 시간으로 돌아갈 수 있다면? 식탁에 앉은 물건들이 대화를 시작한다면?'처럼 현실에선 불가능한 상황을 상상하게 하는 글쓰기는 창의성의 원천이 됩니다. 이 방식은 특히 평소 틀에 갇힌 글쓰기를 하는 아이들에게 해방감을 주고, 자유롭게 생각을 확장할 수 있도록 돕습니다. 정답이 없는 질문 앞에서 아이는 마음껏 자신만의 논리를 만들고, 엉뚱해 보이는 발상에서 자신감과 표현력을 기르게 됩니다.

3. 문제 재구성 훈련

신문기사, 사회적 이슈, 또는 교과서 속 문항 하나를 제시하고, "이 상황에 대해 다른 질문을 만들어볼 수 있을까?"라고 요청해보세요. 예를 들어 '지구온난화'에 대한 기사에서 아이가 "왜 인간은 불편을 감수하면서도 에너지를 절약하지 않을까?"라는 질문을 던지는 것은 기존 정보의 재구성입니다. 문제를 스스로 정의하고 새로운 시각으로 바라보는 능력은 고차원적 사고의 핵심이며, 이 훈련이 누적될수록 아이의 비판적 사고와 독립적 시선이 강해집니다.

4. 감정 기반 창의 글쓰기

감정은 창의력의 불씨입니다. "가장 억울했던 순간을 이야기로 써보자, 지금 기분을 색깔로 표현한다면 무슨 색일까?"처럼 감정을 시작점으로 삼아 글을 쓰게 하면, 아이는 자신 안에 있는 언어를 끌어올릴 수 있습니다. 감정을 외면한 채 잘 쓰려는 글은 종종 공허해집니다. 하지만 감정에서 출발한 문장은 어설퍼도 진정성이 묻어나고, 그 진정성이 아이의 독창성을 드러내는 바탕이 됩니다.

5. 디지털 도구 활용과 비판

AI가 생성한 그림, 음악, 글을 보여주고 "이 작품을 보고 어떤 감정을 느꼈어? 네가 쓴 글과 뭐가 다를까?"라는 질문을 던져보세요. 이 과정은 단순한 기술 체험이 아닌 'AI의 한계를 스스로 인식하게 하는 메타인지' 훈련입니다. 특히 아이가 직접 AI 글쓰기와 자신의 글을 비교해보고, 자신만의 언어에 대해 자각하게 되는 순간은 창의적 사고의 전환점이 됩니다. 디지털 도구를 단순 소비가 아닌 비판적으로 수용하는 태도도 함께 길러질 수 있습니다.

6. 손글씨 스케치북 만들기

디지털 세대일수록 손을 움직여 글을 쓰는 행위 자체가 창의적 자극이 됩니다. 매일 한 문장, 한 장면, 한 아이디어를 손으로 적고 그 옆에 그림이나 상징을 함께 그리게 해보세요. 이때 문법이나 맞춤법보다 '자유롭게 표현하는 과정'이 중요합니다. 손글씨는 뇌를 더 깊게 자극하고, 이미지를 연결하는 사고의 연결고리를 형성해줍니다. 이 스케치북은 시간이 쌓일수록 아이만의 아이디어 아카이브가 되며, 독창적 사고의 자산이 됩니다.

7. '틀려도 괜찮아' 글쓰기

아이가 글쓰기를 꺼리는 가장 큰 이유 중 하나는 '틀릴까 봐'입니다. 글을 쓸 때마다 교정과 지적이 따라온다면, 아이는 자신의 표현을 숨기게 됩니다. 처음엔 엉뚱하거나 정돈되지 않은 글일 수 있어도, 그 안에 담긴 '시도'와 '의도'를 읽어주는 것이 중요합니다. 부모와 교사는 글의 완성도가 아니라 '다른 관점에서 본 너의 생각이 참 새롭다'는 반응을 보여야 합니다. 이때부터 아이는 표현을 두려워하지 않게 됩니다.

8. 서사적 사고력 기르기

아이의 일상에서 시작된 작은 경험도 훌륭한 이야기의 재료가 됩니다. 이를 글로 엮는 훈련은 단순한 일기 쓰기를 넘어 인과관계, 감정 흐름, 시점 전환 등 복합적인 사고 훈련이 됩니다. 예를 들어, '오늘 놀이터에서 친구와 다툰 일'을 그냥 나열하는 것이 아니라, 등장인물(자신과 친구), 사건의 전개(왜 다퉜는지), 감정의 변화, 배운 점을 스토리처럼 구성하게 해보세요. 이 과정은 곧 '삶의 경험을 이야기로 전환하는 힘'을 길러주며, 글쓰기뿐 아니라 사회적 사고력도 함께 자랍니다.

9. 연결형 글쓰기 활동

　　두 개 이상의 전혀 다른 이야기나 사물, 감정을 연결해 글을 쓰는 훈련은 창의적 사고를 확장시키는 데 매우 효과적입니다. 예를 들어, '바다'와 '시간', '로봇'과 '외로움' 같은 키워드를 던지고, 이를 하나의 이야기로 엮어보게 해보세요. 처음엔 말도 안 된다고 느끼지만, 아이는 자신의 방식으로 의미를 만들기 시작합니다. 이처럼 이질적인 개념들을 연결하고 해석하는 사고 훈련은 창의적 글쓰기뿐 아니라 문제해결력, 통합적 사고의 근간이 됩니다.

10. 반전 이야기 만들기

　　정해진 이야기 구조나 결말이 있는 동화나 사건에 '반전'을 더해보는 것도 창의적 발상에 큰 도움이 됩니다. "만약 악당이 사실은 착한 의도에서 그런 행동을 한 거라면? 이야기의 마지막 장면에서 모든 것이 꿈이었다면?"처럼 기존 틀을 전복시키는 글쓰기는 아이에게 상상력뿐 아니라 새로운 관점으로 세상을 바라보는 힘을 길러줍니다. 특히 이 활동은 이야기 구조에 대한 이해도 함께 향상시켜 논리력과 구성력 또한 자연스럽게 키워주는 일석이조의 효과가 있습니다.

　　우리는 아이들이 AI에 밀려 무기력해지지 않도록, 또 기술의 편리함에 감정을 잃지 않도록 이끌어야 합니다. 감성과 창의력은 아이를 '기계보다 유능한 인간'으로 성장시킬 수 있는 유일한 힘입니다. 책을 읽고, 생각을 나누며, 자기 감정을 표현하고, 세상에 없는 이야기를 지어내는 일. 이 모든 것은 AI가 결코 따라올 수 없는 인간만의 문해력입니다. 오늘 하루 한 문장이라도, 아이가 '스스로 떠올리고 표현한 생각'이라면, 그 아이는 이미 미래를 준비하고 있는 셈입니다.

디지털 리터러시, 읽고 쓸 줄 아는 또 하나의 문해력

'읽을 줄 안다는 건, 넘치는 정보 속에서 본질을 꿰뚫는 힘입니다.' 요즘 아이들은 하루에도 수백 개의 정보에 노출됩니다. 뉴스 피드, 유튜브, 블로그, 인스타그램, 쇼츠, 틱톡까지. 스크롤 한 번에 수많은 글과 이미지가 쏟아지고, 알고리즘은 아이가 클릭한 주제를 중심으로 유사한 정보만 반복적으로 보여줍니다.

우리는 여기서 질문해야 합니다. "이 많은 정보들을 아이는 '읽고 있는 것일까?', 아니면 그저 '휩쓸리고 있는 것일까?'" 디지털 문해력, 즉 '디지털 리터러시(Digital Literacy)'는 바로 이 질문에서 시작합니다. 단순히 기기를 잘 다루는 능력이 아니라, 디지털 환경에서 정보를 선별하고, 이해하고, 비판적으로 분석하고, 새로운 지식으로 재구성하는 능력입니다.

2022 개정 교육과정에서는 디지털 리터러시를 핵심 역량 중 하나로 강조하고 있습니다. 교육부는 디지털 기기의 활용 능력뿐 아니라, 정보를 비판적으로 수용하고 사회적 소통을 이끌어낼 수 있는 능력을 강조하고 있으며, 국어, 사회, 과학, 도덕 등의 과목에도 디지털 환경에서의 읽기와 쓰기, 탐구, 표현을 반영하고 있습니다.

예를 들어, 국어 교과에서는 뉴스 기사, 광고, 인터뷰 영상 등 다양한 디지털 텍스트를 읽고 자신의 의견을 쓰는 활동이 권장되며, 사회 교과에서는 미디어 리터러시를 기반으로 한 토론과 탐구 수업이 강조됩니다. 디지털 리터러시는 더 이상 선택이 아닌 '기본기'가 된 것입니다.

📖 디지털 리터러시, 왜 더 어려운가?

1. 정보의 '양'이 아니라 '질'을 분별해야 한다는 점

디지털 환경에서는 정보의 양이 기하급수적으로 늘어납니다. 하지만 정보의 양이 많다고 해서 모두가 유익하거나 신뢰할 수 있는 것은 아닙니다. 유튜브 알고리즘은 아이가 자극적인 콘텐츠를 클릭할수록 비슷한 영상을 더 많이 보여줍니다. 기사처럼 보이지만 사실은 광고이거나, 전문가처럼 보이지만 실제론 검증되지 않은 인플루언서의 말일 수도 있습니다. 아이는 이처럼 겉모습이 비슷한 정보들 사이에서 무엇이 진실이고, 어떤 의도로 쓰였는지를 스스로 판단해야 합니다. 하지만 대부분의 아이들은 이러한 판단 경험이 부족하고, 미디어 환경에 휩쓸리기 쉽습니다. 어른도 감당하기 어려운 정보의 홍수 속에서, 정보의 '질'을 분별하는 눈을 갖는 것이 디지털 리터러시의 첫걸음입니다.

2. 읽기와 쓰기가 동시에 작동한다는 점

디지털 공간에서는 글을 읽고 끝나는 것이 아닙니다. 아이들은 댓글을 달고, 친구와 공유하고, 자신의 의견을 포스팅하며 '즉각적인 반응'을 요구받습니다. 이는 단순한 독해가 아니라 '읽고 해석하고, 판단하고, 표현하는' 일련의 사고 과정이 실시간으로 작동해야 한다는 뜻입니다. 무엇을 어떻게 쓸지, 어떤 어조로 표현할지, 누가 볼 수 있을지를 고민하는 '쓰기의 윤리'까지 함께 작동합니다.

3. 정보 소비자가 아닌 '생산자'가 되어야 한다는 점

아이들은 이제 정보의 소비자에 그치지 않고, 적극적인 생산자가 됩니다. 댓글 한 줄, 블로그 글, SNS 포스팅 하나도 자신을 표현하는 글쓰기이기 때문에, 단순히 '보는 법'을 넘어 '표현하는 법'을 배워야 합니다. 논리적 구조, 근거 제시, 공감과 반론의 조율 등 글쓰기의 기본기를 디지털 문해력에 접목해야 하는 이유입니다.

📖 디지털 리터러시, 어떻게 길러줄 수 있을까?

1. '출처'를 묻는 습관부터 시작하세요

기사나 유튜브 영상을 볼 때 "이 정보는 누가 만들었을까?, 왜 이 영상을 만들었을까?"라고 아이와 질문을 주고받아보세요. 단순한 정보 수용에서 벗어나 '정보의 의도'를 살피는 연습은 비판적 사고의 출발점입니다.

2. 온라인에서 읽은 정보를 오프라인에서 다시 표현하게 하세요

아이가 본 뉴스나 콘텐츠를 직접 요약해보게 하거나, 그림으로 표현하게 해보세요. '정보 소화력'과 '재구성력'을 동시에 기르는 활동이 됩니다.

3. AI나 검색 결과를 무비판적으로 믿지 않도록 훈련시켜야 합니다

예를 들어 "지구는 평평한가요?"라고 검색했을 때 나오는 정보들을 보여주며, 어떤 정보가 사실인지, 왜 이렇게 보이는지를 함께 분석해 보세요. 알고리즘이 보여주는 것은 '진실'이 아니라 '선택된 정보'일 수 있음을 알려주는 경험이 됩니다.

4. 디지털 글쓰기의 윤리를 함께 가르치세요

인터넷에 쓴 글은 지워지지 않고, 누군가에게 영향을 줄 수 있다는 점을 이해시키는 것이 중요합니다. 공감, 배려, 책임감이 디지털 글쓰기의 핵심임을 자연스럽게 알려주세요.

5. 오류를 찾아내는 놀이를 함께 해보세요

가짜 뉴스 찾기, 잘못된 통계 해석하기, 사진 속 조작된 장면 찾기 등 디지털 세상 속 '탐정놀이'를 통해 아이는 정보 감별력과 함께 탐구력을 기를 수 있습니다.

📖 읽고 쓸 줄 아는 아이는 디지털에 '읽히지 않는다'

디지털 리터러시의 궁극적인 목표는 단순한 정보 소비를 넘어, 디지털 환경 속에서도 자기 생각을 중심에 두는 사람으로 성장시키는 것입니다. 무엇을 믿을지, 어떤 정보에 의미를 둘지, 어떻게 표현할지를 스스로 결정하는 능력. 그것이 진짜 읽기이자, 디지털 시대의 문해력입니다. 우리는 아이들이 스마트한 소비자가 아닌, 의식 있는 창작자로 성장하길 바랍니다. 그 중심엔 언제나 읽기와 쓰기, 그리고 그것을 돕는 어른의 역할이 있습니다.

디지털 공간은 아이들에게 무한한 가능성을 제공하지만, 동시에 무분별한 정보와 자극 속에서 자신을 잃기 쉬운 환경이기도 합니다. 우리는 아이들이 '읽는 힘'과 '쓰는 힘'을 통해 디지털을 헤쳐나갈 나침반을 갖기를 원합니다. 그 힘은 데이터를 걸러내고, 자신만의 언어로 세상과 소통하며, 타인의 말에 휘둘리지 않고 자신만의 판단을 세우는 데서 나옵니다.

디지털 리터러시는 결국 기술의 문제가 아니라 사람의 문제입니다. 아이가 타인의 콘텐츠에만 머무르지 않고, 자신만의 콘텐츠를 만들어내는 '주체적 존재'로 성장할 수 있도록. 그 시작은 어른이 아이의 문장을 기다려주고, 질문해주고, 함께 읽어주는 일상에서 만들어집니다. 디지털에 휘둘리지 않고, 디지털을 품을 줄 아는 아이. 바로 그 아이가 내일의 세상을 이끌어갈 것입니다.

읽고 쓰는 아이는 미래를 이끈다

📖 글을 읽고 쓴다는 것은 결국 '문제를 푸는 연습'이다

'이야기를 제대로 읽고 쓸 줄 아는 아이는, 삶도 그렇게 읽고 풀어냅니다.' 정보가 넘쳐나는 시대, 단지 지식을 많이 아는 것이 경쟁력이 되지는 않습니다. 중요한 것은 '문제 해결력', 즉 복잡하고 정해지지 않은 상황 속에서도 자신만의 방식으로 의미를 찾아내고 방향을 설정하는 힘입니다. 그리고 그 힘은 어디서 길러질까요? 바로 매일의 '읽기'와 '쓰기'에서 시작됩니다.

아이들이 책을 읽고 내용을 이해한 다음, 자신의 감정과 생각을 글로 풀어보는 과정은 단순한 국어 활동이 아닙니다. 그것은 상황을 분석하고, 감정을 조절하며, 논리적으로 서술하고, 자신의 입장을 표현하는 고차원적 문제 해결 훈련입니다. 이 모든 과정이 삶 속에서 자연스럽게 반복될 때, 아이는 미래 사회가 요구하는 복합적 사고 능력을 갖춘 사람으로 성장할 수 있습니다.

AI는 정해진 문제에 가장 적절한 해답을 줄 수 있습니다. 하지만 인간은 새로운 문제를 만들고, 낯선 상황에서도 방향을 설계하고, 감정을 담아 의미를 창조하는 존재입니다. 읽고 쓰는 아이는 바로 이런 '미답의 상황' 앞에서 멈추지 않습니다. 오히려 질문을 바꾸고, 조건을 다시 정의하며, 자기만의 방법으로 길을 만들어가는 사람으로 성장합니다.

읽고 쓰는 힘은 단순한 언어 능력이 아닙니다. 그것은 '복합적 사고력', '감정 표현력', '문제 해결력'을 동시에 키우는 미래 역량의 핵심 플랫폼입니다. 글을 읽고 쓰는 힘은 아이에게 '자기 삶의 주도권'을 부여합니다. 이것이 진짜 교육이라고 할 수 있습니다.

김영하 작가는 《보다, 읽다, 말하다》에서 "책을 읽는다는 건 누군가의 내면을 여행하는 일"이라고 말합니다. 읽기는 단순히 정보를 습득하는 것이 아니라, 타인의 감정과 논리를 잠시 빌려 세상을 새롭게 바라보는 경험입니다. 그런 경험이 축적될수록 아이는 공감력, 감수성, 시야, 사고력을 갖춘 사람으로 자랍니다. 그는 이렇게도 말합니다.

"좋은 독서는 질문을 남긴다. 그 질문은 결국 삶의 방향을 바꾸기도 한다." 질문하는 아이는 멈춰있지 않습니다. 책을 읽으며 '왜?'를 품고, 글을 쓰며 '나는 이렇게 생각해'를 표현하는 아이는, 스스로 생각하고 판단하는 힘을 갖춘 아이입니다.

📖 미래를 이끄는 문해력의 시작

아이가 매일 한 문장이라도 자기 생각을 써본다면, 그것이 바로 미래를 이끄는 문해력의 시작입니다. 하버드대학교에서 강조하는 교육 방식의 핵심은 '쓰기 중심의 사고 훈련(Writing-centered Thinking)'입니다. 단순히 글을 잘 쓰는 것이 목표가 아니라, 글쓰기를 통해 깊이 사고하고 자신만의 관점을 구조화하는 훈련 즉 '글로 생각을 설계'하는 것에 있습니다. 이 대학에서 상위 1%의 학생은 무엇이 다를까요?

그들은 어떤 질문에도 '자신만의 서사'를 갖고 답합니다.

생각을 단순한 요약이 아닌 '논리적 서술'로 풀어내는 능력이 뛰어납니다. 타인의 관점을 존중하면서도 자기 의견을 명확히 드러낼 수 있습니다. 복잡한 개념이나 문제를 '이야기처럼' 풀어가는 능력을 지녔습니다.

글을 잘 쓰는 학생은 결국 생각을 잘 조직하고, 설득력 있게 표현하며, 다양한 관점을 융합해 새로운 해결책을 제시할 수 있는 사람입니다. 이것이 바로 글로벌 리더십의 본질이자, 앞으로의 시대가 요구하는 가장 중요한 역량입니다.

📖 읽고 쓰는 연습, 미래를 준비하는 가장 현실적인 공부

대부분 학부모들은 글쓰기를 문장력 향상이나 학교 과제 수행으로만 생각합니다. 하지만 글쓰기의 진짜 목적은 생각을 설계하고, 삶을 이해하고, 미래를 기획하는 힘을 기르는 데 있습니다. 예를 들어, 아이가 "내가 만약 이 인물이었다면?"이라는 글을 쓸 때, 단순히 감정이입만 하는 것이 아닙니다.

이야기의 맥락을 분석하고, 인물의 감정을 추론하고, 자신의 입장을 대입해보고, 새로운 상황을 상상하는 창의적 사고를 경험합니다.

이 과정은 추론력, 판단력, 자기 표현력을 복합적으로 요구합니다. 그 자체로 아이의 두뇌를 확장하는 작업이자, 미래의 비정형 문제에 대응하는 기초 체력을 기르는 훈련입니다. 인공지능은 뛰어난 요약 능력을 가졌지만, 글을 통해 자기 삶의 방향을 고민하는 존재는 인간뿐입니다. 책을 읽고, 자기 목소리로 다시 써보는 그 모든 활동이야말로 '생각의 지도'를 그리는 일입니다. 그리고 그 지도 위를 걸어갈 수 있는 아이는, 어떤 미래에도 주눅 들지 않습니다.

📖 문제해결력을 키우는 가장 확실한 방법

오늘날의 교육은 너무 자주 '정답'을 말해줍니다. 아이들이 스스로 질문하지 않아도, 교과서가 친절하게 질문을 던져주고 해설까지 함께 제공합니다. 하지만 세상은 정답보다 문제 자체가 무엇인지조차 모를 때가 더 많습니다. 그렇기에 질문하고, 탐색하고, 자기 식대로 정리하고, 그것을 남에게 설득력 있게 전달하는 능력, 즉 읽고 쓰는 힘은 여전히 미래 교육의 핵심입니다.

하버드대학교는 상위 1% 학생들의 공통점으로 비판적 독서력과 설득력 있는 글쓰기 능력을 강조합니다. 단순 암기나 문제풀이 실력보다, 그들은 자기 생각을 구조화해서 글로 표현할 수 있는 능력이 월등했습니다. 그들은 글을 통해 세상을 분석하고, 글을 통해 자기 안의 혼란을 정리하며, 결국 글을 통해 '내가 누구인지'를 알아갑니다.

읽고 쓰는 훈련은 단지 언어 능력의 문제가 아니라 창의력의 토대입니다. 스티브 잡스는 생전에 이렇게 말했습니다. "창의성은 단지 사물을 연결하는 능력이다. 연결하려면 많이 경험하고 많이 읽고, 많이 생각해야 한다." 그는 리드 칼리지에서 캘리그라피 수업을 들으며 문자 하나의 곡선에서 아름다움을 느꼈고, 인도 여행에서 내면의 통찰을 배웠습니다. 기술을 설계하는 데만 머물렀다면 절대 탄생하지 않았을 감성적 디테일, 그것이 바로 잡스의 '혁신'을 가능하게 만든 힘이었습니다. 스탠퍼드 졸업 축사에서도, 그는 "뒤돌아보니 배웠던 캘리

그라피가 매킨토시의 아름다운 서체로 연결되었다”고 말합니다. 즉, 겉으로는 관련 없어 보이는 경험들이 ‘자기 생각으로 정리된 글쓰기’ 속에서 연결되고 발현된 것입니다.

📖 정보의 시대, 감정과 언어로 설계하는 미래

AI는 검색해주고 정리해주지만, 우리는 질문해야 하고, 판단해야 하며, 자신만의 관점으로 설명할 수 있어야 합니다. 글쓰기는 이 모든 사고 과정을 훈련하는 ‘두뇌의 체육관’입니다. 아이들이 책을 읽고, 한 줄의 감상이라도 자기 언어로 써보는 그 순간, 사고력은 유연해지고, 감정은 정제되며, 표현력은 자라납니다. 그렇게 매일매일 ‘읽고 쓰는 아이’는 미래의 불확실함 속에서도 자기만의 해답을 찾아낼 줄 아는 사람이 됩니다.

결국, 자신만의 문장을 가진 아이가 리더도 자라납니다. 세상을 이끄는 사람은 말의 기술로 사람을 설득하는 사람이 아닙니다. 자기 안의 생각과 감정을 글로 정리해낼 줄 알고, 그것을 통해 세상을 설명할 수 있는 사람입니다. 읽고 쓰는 아이는 단순히 공부를 잘하는 아이가 아닙니다. 정보를 다루는 아이에서, 삶을 설계하는 아이로 나아가는 힘. 그것이 바로 문해력의 확장이며, 오늘 우리가 아이에게 줄 수 있는 가장 실용적인 미래 전략입니다.

2부

읽기와 쓰기로
글재주 부리는
아이들

1장

디지털 시대,

추락하는 문해력을 잡을 단 하나의 방법

우리 아이들의 문해력을 높일 방법은 무엇일까요?

단언컨대, 그 길은 언제나 가정으로 통합니다.

그 장소는 책상 앞이 아니라 식탁 옆입니다.

아이의 말에 귀 기울이고, 그 말에 다시 질문하는 것.

오늘 아이가 기억에 남았던 문장은 무엇이었는지

책 속 한 줄이 마음에 스친 적이 있었는지를 묻는 것.

그것이 문해력 격차를 줄이는 가장 결정적인 전략입니다.

"영어 학원에서 국어 먼저 배우고 오라고 하셔서요."

"수학은 꽤 선행이 되어 있는데 이상하게 서술형에서 막혀요."

"요즘은 영어 단어 시험보다 논술이 더 무서워요."

찾아오는 학부모들 중 특히 고학년의 자녀를 둔 이들이 자주 하는 말입니다. 실제로 한 교육기업에서 전국 초중고 학부모를 대상으로 실시한 설문조사 결과를 보면, '가장 걱정되는 과목' 1위는 수학도 영어도 아닌 국어였는데요. 놀랍게도 그중 다수가 "아이의 독해력 부족 때문에 수학 문제조차 이해하지 못한다"고 답하기도 했습니다.

예를 들어보겠습니다. 고등학교 수학 시험문제 중에는 다음과 같은 문제가 있었습니다.

문제

다음은 세 학생이 함수 $f(x)=\log(ax)$ $(0<a<1$, $\log$는 밑 10의 상용로그)의 증가 구간을 표현한 것이다. 올바르게 쓴 학생의 이름을 쓰고, 그 이유를 서술하라.

(가) 지훈: "정의역이 $x>0$이고, 증가 구간은 $(0, \infty)$이다."

(나) 민서: "밑 aa가 1보다 작으므로 감소한다. 따라서 감소 구간은 $(0,\infty)(0,\infty)$이다."

(다) 수현: "증가 구간은 $a>0a>0$이므로 $(a,\infty)(a,\infty)$이다."

모범답안

올바른 학생: 지훈

이유: $f(x)=\log(ax)=\log a+\log x$

여기서 $\log a$는 상수이고, $\log x$는 $x>0$에서 증가함수이므로 전체 함수는 정의역 $(0,\infty)$에서 증가한다. 따라서 증가 구간은 $(0,\infty)$이다.

이 문제는 단순한 계산을 요구하지 않습니다. '증가', '표현', '상수', '조건' 같은 낯설고 복합적인 언어가 한 문장 안에 뒤엉켜 있습니다. 문제를 이해하려면 독해력이 먼저인 것이지요. 수학도 결국은 읽고 써야 정답을 맞힐 수 있는 언어의 문제가 된 지 오래입니다.

고학년 자녀를 둔 학부모들의 말에는 '우리 아이는 말은 잘하는데, 글로 쓰려면 한 줄도 못 쓴다는 공통점이 있습니다. 부모들이 논술학원으로 발걸음을 옮기는 이유는 교육철학이 아니라 불안 때문입니다. 단순한 경쟁 때문이 아니라, 아이가 자기 생각을 말하고 글로 옮기지 못한다는 불안입니다. '언어'와 '생각', 나아가 '존재감'에 대한 불안이지요.

논술은 글을 잘 쓰느냐의 문제가 아닙니다. 생각을 꺼내고, 그것을 문장으로 보일 수 있는가의 문제입니다. 부모들도 압니다. 이 힘은 몇 개월 학원에 다닌다고 쉽게 길러지지 않는다는 것을요. 과거에는 수학·영어·과학이 상위권 전략의 핵심이었습니다. 독서와 논술은 성적과 무관한 교양 학습으로 여겨졌습니다. 그러나 최근 수행평가와 서술형 문항이 늘어나면서 상황은 달라졌습니다. 이제 학교가 던지는 질문은 단 하나입니다.

"너의 생각은 무엇이니?"

이 질문은 단순 암기로는 답할 수 없습니다. 읽은 책을 자기 것으로 만들고, 그것을 문장으로 구체화해야 합니다. 문제는 아이들 사이의 '문해력 격차'입니다. 같은 책을 읽어도 어떤 아이는 생각을 붙잡고 문장으로 옮기지만, 어떤 아이는 활동지를 채우기 위해 줄거리만 외웁니다. 결국 겉으로는 다 책을 읽어도, 문장에서 그 격차가 드러나는 것입니다.

실제로 갓 입회한 중학교 1학년의 생활문은 세 문장으로 끝났습니다. "나는 친구와 싸우고 화해했다. 기분이 나빴다. 시간이 지나니까 괜찮아졌다." 감정은 있어 보이지만 구체적인 장면, 감정의 흐름, 변화의 이유가 없습니다. 질문을 던지자 아이는 금세 막혔습니다. "잘 모르겠어요. 그냥 친구가 사과해서요." 글을 못 쓰는 게 아니라, 자기 마음을 바라본 적이 없었던 것입니다. 그래서 나는 아이들에게 책을 읽힌 뒤 '북토킹'을 합니다. 인상적인 장면을 골라 "왜 인상 깊었어?", "네 삶과 닿아 있는 부분은 어디니?"라고 묻습니다. 단답이 아닌 문장으로 답하는 순간, 아이들은 스스로 몰랐던 감정을 찾고, 기억을 불러내며, 문장으로 다듬습니다.

그렇게 3개월, 6개월의 수업을 이어간 한 초등학생은 이렇게 말했습니다. "예전엔 책 읽는 게 숙제 같았는데, 지금은 책을 읽으면 제 마음속의 말이 더 잘 들려요." 읽기와 쓰기는 연결되어 있습니다. 많이 읽는다고 저절로 쓰기가 되지 않습니다. 하지만 질문과 감정을 가지고 읽은 아이는 반드시 쓰는 힘도 함께 자랍니다. 아이들은 글을 못 쓰는 것이 아니라, 써야 할 이유를 찾지 못했을 뿐입니다.

문제는 많은 학원이 형식부터 가르친다는 점입니다. 주제-뒷받침 문장-결론. 틀은 필요하지만, 생각이 담기지 않으면 그것은 사고력이 아니라 작성 기술일 뿐입니다. 그 기술은 고학년이 되면 금세 한계에 부딪힙니다. 논술은 글쓰기 기술이 아닙니다. 말이 많아지고, 감정을 표현하며, 책을 읽고 질문하기 시작할 때가 시작의 순간입니다. 아이마다 다른 그 타이밍을 잡아주는 것이 핵심입니다.

방송작가로 일하며 저는 말은 잘하지만 글은 못 쓰는 어른들을 많이 보았습니다. 생각을 정리하고 구조화하는 훈련이 부족했기 때문입니다. 그 훈련은 초등학교 때부터 시작되어야 합니다. 글로 생각하는 습관은 인생 전체를 바꿉니다. 학원가에는 이런 말이 있습니다. "국영수는 보여주는 학원이고, 논술은 남겨주는 학원이다." 디지털 시대, 아이들의 진짜 경쟁력은 문제풀이가 아니라 문장에 있습니다. 당신은 자녀에게 무엇을 선택하게 하겠습니까?

말 없는 집, 읽지 못하는 나라
–문해력 붕괴는 가정에서 시작된다

요즘 부모들은 아이에게 참 많은 것을 제공합니다. 스마트폰도 사주고, 태블릿도 사주고, 문제집은 클릭 한 번이면 바로 문 앞까지 도착합니다. 책도 예쁘고 두꺼운 거로 사줍니다. 그런데 정작 중요한 것 하나가 빠져 있습니다. 아이의 문장을 끝까지 들어주는 시간은 좀처럼 내주지 않는다는 점입니다. SNS에는 수천 권의 책이 정돈된 서재형 거실 사진이 인기지만, 정작 그 책들을 펼쳐보는 모습은 없습니다. 책은 많은데 읽는 풍경은 없고, 말은 넘치지만 진짜 대화는 없습니다.

서점에서 있었던 일입니다. 한 아이가 책을 들고 엄마에게 조심스럽게 말했습니다. "엄마, 이 책 사주면 안 돼?" 엄마는 책을 힐끔 보더니 이렇게 물었습니다. "그 책, 숙제에 필요해?" 그 말에 아이는 망설이다 책을 내려놓았습니다. 독서는 이 아이에게 흥미가 아니라 의무가 되어 있었습니다. 책이 과제가 된 순간, 문해력은 감정도, 생각도 담기지 못한 채 멈춰버립니다.

문해력은 학교에서만 자라지 않습니다. 오히려 그 뿌리는 집 안, 더 정확히는 말이 오가는 구조와 분위기에서 자랍니다. 밥을 먹으면서 무심코 나누는 이야기, 부모가 책을 펼치는 모습, 이야기를 듣고 "왜 그렇게 느꼈어?"라고 되묻는 질문 한 줄. 바로 그게 문해력의 출발점입니다. 하지만 지금 많은 집에서 말이 사라졌습니다. 식탁은 급하게 끼니만 때우는 자리고, 거실은 유튜브와 스마트폰이 지배합니다. 부모의 질문은 점점 줄어들고, 아이의 대답은 점점 짧아집니다.

드라마 〈스카이 캐슬〉의 한 장면이 떠오릅니다. 배우 염정아가 연기한 엄마 서진이 주도한 독서토론회. 아이들은 책을 읽었지만 자기 언어가 아닌, 엄마가 시키는 방식으로 발표했습니다. "이 책은 제 진로와 관련이 있습니다…." 정답이지만 정답이 아닌 문장이 나올 때, 아이들의 눈은 흔들리고 있었습니다. 독서가 사고가 아니라 전략이 될 때, 문해력은 입시용 껍데기로만 남습니다.

우리 학원에서는 입회 전, 모든 아이가 레벨 테스트를 거칩니다. 보통의 학원처럼 수준별로 반을 나눈다고 생각하기 쉽지만 그 시간은 내가 아이들의 언어 레벨을 유심히 들여다보는 시간입니다. 아이가 어떤 단어에 멈추고, 어디서 손이 흔들리는지 말입니다. 이야기 도중 궁금증을 참지 못한 아이는 이내 조심스럽게 묻습니다. "심심한 사과는 지루한 사과예요?" '열람실'은 '열 나는 방'이냐며 피식 웃기도 합니다. 어휘는 있지만 연결은 없습니다. 문장의 전체 의미를 조립하는 힘이 무너진 것입니다.

〈PISA 21세기 독자〉 보고서에 따르면, 한국 청소년의 디지털 문해력은 사실상 OECD 최하위권 수준입니다. 한 중학교에서 기사 내용을 자신의 언어로 재구성하는 평가에서 평균 점수는 65.8점. 대부분의 학생이 글을 읽고도 이해하지 못했습니다. 한국교총의 설문에서도 교사의 73%가 학생들의 문해력이 낮아졌다고 답했습니다. 우리 아이들은 어쩌다 이렇게 됐을까요?

첫째, 감상 없는 독서 때문입니다. 책은 수행평가용으로, 필독서 리스트로, 성적 보완용으로 소비됩니다. 아이들은 책을 좋아할 기회도 없이 책에 질려버립니다. 둘째, 문해력 교육의 구조 부재입니다. 문해력은 단지 국어 과목에서만 쓰이는 능력이 아닙니다. 수학의 문장제 문제, 과학 탐구 결과 쓰기, 사회 시사 자료 분석, 예체능의 감상문까지 모든 과목이 문해력을 요구합니다. 그런데도 교육 현장에서는 여전히 국어 선생님만의 몫으로 생각합니다. 셋째, 부모의 조급함입니다. "논술은 몇 학년부터 시작해야 하죠? 지금 시작 안 하면 늦은 건가요?" 정작 중요한 건, 아이가 문장을 어떻게 대하고 있는지, 생각을 어떻게 키우고 있는지인데 부모들은 시기만 묻습니다.

그렇다면 우리 아이들의 문해력을 높일 수 있는 방법은 무엇일까요? 단언컨대, 그 길은 언제나 가정으로 통합니다. 그 장소는 책상 앞이 아니라 식탁 옆입니다. 아이의 말에 귀 기울이고, 그 말에 다시 질문하는 것. 오늘 아이가 기억에 남았던 문장은 무엇이었는지 책 속 한 줄이 마음에 스친 적이 있었는지를 묻는 것. 그것이 문해력 격차를 줄이는 가장 결정적인 전략입니다.

부모가 먼저 책장을 넘기고 짧은 글귀 하나라도 아이에게 건네봅시다. "나는 이 문장이 오늘따라 자꾸 생각나더라. 너는 어때?" 그 대화 하나가, 그 문장 하나가 아이를 문해력 있는 사람으로 키웁니다. 아이의 문해력은 부모의 언어 습관 위에 세워집니다.

구분	문해력	독서력	독해력	쓰기력
정의	글·정보·맥락을 이해·판단 하고 사고로 연결하는 능력	책을 읽는 습관과 독서량	글을 이해하고 핵심을 파악하는 능력	생각·정보를 문장으로 표현하는 기술
범위	읽기 + 사고 + 표현까지 확장	주로 '읽기'에 집중	읽기 이해에 집중	문해력의 산출 능력
예시	기사 읽고 관점 분석, 안내문 보고 행동 결정, 에세이 쓰기	하루 30분 독서, 연간 100권 독서	수능 비문학 지문 독해, 요지 파악	자기소개서, 보고서, 일기 쓰기
위치	가장 상위 개념 (언어 활용 능력 전반)	문해력의 일부 요소	문해력의 중간 단계	문해력 성숙도를 드러내는 척도

문해력(Literacy)은 흔히 글을 읽고 쓸 줄 아는 능력으로 단순하게 이해하기 쉽습니다. 하지만 현대 교육에서 말하는 문해력은 훨씬 더 복합적이고 고차원적인 개념입니다. 문해력은 단순히 글자를 읽고 문장을 이해하는 능력을 넘어, 정보를 수용하고 분석하고 비판하며, 그것을 바탕으로 자신의 생각을 구조화하여 표현하는 복합적인 인지 능력입니다. 다시 말해, 읽고 이해하고 표현하는 삶의 총역량이라고 말할 수 있습니다. 이처럼 문해력은 단순한 독해력이나 책 읽기 습관을 넘어섭니다. 하지만 많은 부모들이 '독서력', '독해력', '쓰기력', '문해력'이라는 말을 섞어 쓰며 그 차이를 헷갈립니다. 이제 각 개념의 차이를 정확히 구분해봅시다. 문해력의 본질을 이해하기 위해 반드시 짚고 넘어가야 할 지점입니다.

독서력은 문해력의 '재료'입니다. 책을 많이 읽는다고 문해력이 자동으로 높아지지는 않지만, 문해력의 기초는 반드시 독서에서 나옵니다. 독해력은 문해력의 '중간 단계'라고 볼 수 있습니다. 책에 대한 단순한 이해와 요약에 머무르지 않고, 비판과 응용으로 확장될 때 비로소 문해력으로 뻗어 나갈 수 있습니다. 쓰기력은 문해력의 '산출 결과'입니다. 문해력이 깊을수록 글에 드러나는 사고도 성숙해집니다. 결국, 문해력은 읽기와 쓰기를 연결하는 사고의 다리입니다. 문해력은 단순히 글자를 읽는 힘이 아닙니다. 읽은 내용을 이해하고, 질문하고, 연결하고, 내 것으로 만들어 표현하는 힘입니다. 독서력이 책장을 넘기는 힘이라면, 독해력은 문장을 꿰뚫는 눈, 쓰기력은 생각을 꺼내는 손입니다. 그리고 문해력은 삶을 바라보는 뇌에 해당합니다.

이 힘은 시험 점수에만 머무르지 않습니다. 수업 시간에 문제를 풀 때, 친구와 대화할 때, 사회에 나가 보고서를 쓰고 의견을 내세울 때, 모두 문해력에서 비롯됩니다. 결국 지금 우리 교육이 던지는 질문은 단순합니다.

"네 생각은 무엇이니? 그리고 그 생각을 어떻게 보여줄 수 있니?"

초2가 골든타임, 놓치면 따라잡기 힘든 문해력

2021년 한국교육과정평가원은 초등 2학년을 "literacy development의 핵심 창(window of opportunity)"이라 명명했습니다. 이 시기에 어휘력, 독해력, 문해력이 함께 발달하지 않으면 이후 내용 기반 학습에서 돌이키기 어려운 격차가 발생한다는 것입니다. 실제로 국립국어원의 실태조사(2022)에 따르면, 초2 기준 문해력 상·하위군의 어휘력 차이는 최대 2.6배였으며, 이 격차는 중학교까지 이어졌습니다. 그럼에도 불구하고 부모들은 종종 안심합니다. "한글은 뗐으니 책은 알아서 읽겠지, 아직 어린데 억지로 시키고 싶지 않아요."

그러나 교실의 현실은 다릅니다. '글은 읽는데 책은 싫다'는 아이들 상당수가 바로 이 시기, 초2에서 이미 독서와 멀어집니다. 실제로 경기도교육청 조사(2023)에서는 초3 학생의 22.4%가 "문장 독해가 어렵다"고 답했으며, 그중 70%는 초2 때부터 책을 거부한 경험이 있었습니다.

초2는 독서를 함에 있어서 단순 해독을 넘어 문장 이해와 감정 연결로 확장되는 시기입니다. 뇌과학적으로도 언어·감정·시각 정보를 통합하는 회로가 활발히 형성되는 때이기에, 독서·감정 표현·글쓰기를 함께 경험할 때 복합 언어 회로가 구축됩니다. 반대로 영상 자극에만 노출되면 사고는 즉각적이지만 깊이는 얕아집니다.

초등학교 1~6학년 문해력 발달 시기별 분석

학년	발달 단계	핵심 특징	주요 발달 과제
초등 1학년 (7세)	해독 (Decoding)	– 한글 완전 정복 – 글자 해독 중심 – 소리 내어 읽기, 이해는 제한적	✓ 자모 결합 훈련 ✓ 읽기 습관 시작
초등 2학년 (8세)	문장 이해 +감정·사고 연결 → 문해력 골든 타임	– 문장 의미·맥락 파악 시작 – 독서 습관화 최적기 – 경험↔텍스트 연결 가능 – 감정↔텍스트 연결 형성	✓ 책 후 질문하기 ✓ 느낀 점 말하기 ✓ 독서록·짧은 글 쓰기 시작
초등 3학년 (9세)	학습 문해력의 시작	– 개념 중심 과목 등장 – 지문 독해·요지 파악 필수 – 추론형 질문 증가	✓ 요약력·질문력 훈련 ✓ 교과서 기반 학습 문해
초등 4학년 (10세)	논리적 사고 + 다문장 추론	– 문단 단위 이해 요구 – 설명문·논설문 본격 등장 – 주장·근거 분석	✓ 논리적 글 읽기 ✓ 주장–근거 구분 훈련
초등 5학년 (11세)	통합적 문해력 → 자기주도학습 전환기	– 문해력 ↔ 자기주도학습 연계 강화 – 지필·서술형 수행평가 확산 – 전 과목 사고력 기반 요구	✓ 자기 글쓰기 강화 ✓ 토론·발표 수업 병행
초등 6학년 (12세)	문해력 성과 고착기	– 문해력 결과가 드러나는 시점 – 사고력·표현력 격차 확대 – 자기 언어로 사고 구조화 완성	✓ 논술·발표 훈련 ✓ 포트폴리오 정리

나는 현장에서 그 차이를 매일 목격합니다. A는 초1부터 하루 40분씩 책을 읽고, 북토킹으로 감정을 표현했습니다. 한글이 완벽하지 않았던 시기부터 시작했지만, 여름·겨울방학에도 끊기지 않은 습관 덕분에 초2가 되자 글쓰기 대회에 도전할 만큼 성장했습니다. 반대로 B는 영상에 익숙해 책 경험이 거의 없었습니다. 입회와 퇴원을 반복했고, 방학이면 긴 휴지기를 가졌습니다. 입회 초기에는 A와 큰 차이가 없었지만, 불과 1년 만에 언어 습관·사고 구조·감정 표현은 완전히 갈렸습니다. 그때 가서 깨닫지만, 이미 늦습니다. 골든타임은 기다려주지 않습니다.

그렇기에 저는 초2를 문해력 설계도면이 완성되는 시기라고 말하고 싶습니다. 초3부터는 그 위에 교육이 시공됩니다. 설계가 잘못되면 구조는 흔들리듯 문해력의 기초가 약하면 이후의 학습은 무너지기 쉽습니다. 특히 초2 겨울방학, 그 시기를 넘기면 더는 골든타임이 아닙니다. 지금, 아이의 문해력을 위한 마지막 기차가 떠나려 합니다. 이 책이 그 기차에 함께 오를 수 있는 안내서가 되기를 바랍니다.

초등학교 1~6학년 학년별 문해력 전략표

학년	문해력 핵심 목표	부모 실천 키워드
초1	해독 완성, 읽기 습관화	– 한글 완성 후 매일 10분 책 읽기 함께하기
초2	읽기 → 감정 / 이해 연결	– 책을 읽은 후 질문하고, 말하게 하고, 짧게 써보게 하기
초3	내용 이해 중심 학습 시작	– 요약력과 질문력 키우기 – 서술형 평가 대비 시작
초4	논리적 문장 파악과 주장 표현	– 설명문 · 논설문 독서 – 근거를 말하게 하기
초5	자기주도 독서→자기표현 확장	– 자기 글쓰기 훈련 시작 – 토론 수업 병행하기
초6	통합 문해력 완성	– 논술 · 발표 · 포트폴리오형 과제 대비 – 자기 언어로 표현하는 힘 정리

책이 다시 답이다
—문해력 격차를 줄이는 가장 확실한 전략

디지털 콘텐츠는 즉각적인 반응을 유도합니다. 눈은 잽싸게 움직이고, 엄지와 검지는 페이지를 넘기기에 급급합니다. 그러는 사이 마음은 어느새 다음 장면 앞에 다다라 있습니다. 요즘 아이들은 말을 너무 빨리 배웁니다. 말을 흉내 내듯 조각조각 따라 하고, 자막처럼 받아 적고, 유행어처럼 소비합니다. 하지만 그것은 내 말이 아닙니다. 익힌 말일 뿐이고, 남의 말입니다. 진짜 자기 말을 배우는 공간은 따로 있습니다. 바로 책입니다.

책은 느린 감정을 허락합니다. 생각이 가라앉을 시간을 주고, 말이 되기 전의 감정을 기다려줍니다. 그 차이는 곧 아이의 언어와 생각의 깊이를 가르는 기준이 됩니다. 그리고 그 깊이는 수많은 연구와 교실의 사례에서 뚜렷하게 확인되고 있습니다.

아이에게 책을 읽힌 뒤 이렇게 물어보십시오.
"이 책에서 기억에 남는 한 줄이 뭐야?"
"왜 그 문장이 너에겐 특별했을까?"
"비슷한 경험이 너에게도 있었니?"
이 질문에 대답할 수 있는 아이는 그저 문장을 쉽게 소비하는 아이가 아니라, 문장을 흡수한 아이입니다. 하지만 "재미있었어요. 끝이에요"라고 말하는 아이는 아직 문장을 감각으로 받아들이지 못한 아이일 가능성이 큽니다.

　문해력은 점수나 등수를 올리는 기술이 아닙니다. 문해력은 글쓴이의 생각을 읽고, 마음을 들으며, 나의 또 다른 세상을 해석하는 능력입니다. 문해력은 한 마디로 '왜?'라고 묻는 능력인 것입니다. 그리고 "그럴 수도 있지"라고 말할 수 있는 태도까지 포함합니다.

　책을 제대로 읽는 아이는 문장을 정확히 해석한 뒤, 사람까지 해석할 수 있게 됩니다. 문해력이 높은 아이는 글을 잘 읽지 않습니다. 다만 다르게 읽을 뿐입니다. 문장을 스치듯 지나가지 않고, 문장 앞에 눈과 마음을 멈춥니다. 줄거리를 외우지 않고, 문맥을 해석합니다. 단어 하나를 읽고도 그 단어에 실린 기분을 느끼며, 한 장면을 보고도 그 장면의 배경을 상상하는 것입니다. 하나의 문단을 오래 바라보고, 한 줄의 문장을 수십 번 곱씹는 동안 아이의 생각은 자라납니다. 그 과정이 쌓일수록, 문해력의 격차는 서서히, 그러나 확실하게 벌어집니다.

　문해력의 격차가 그대로 드러나는 것이 바로 수행평가입니다. 초등 고학년부터 시작되는 수행평가는 이렇게 묻습니다.
　"자신의 경험을 담아 서술하라."
　"읽은 책을 바탕으로 생각을 정리하라."
　"지문을 요약하고 자신의 관점을 쓰라."
　이때 압도적으로 앞서나가는 아이는 책을 통해 문해력을 켜켜이 쌓은 아이입니다. 디지털은 반응을 가르치지만, 책은 사유를 가르치기 때문입니다. 디지털은 가볍고, 책은 무겁습니다. 디지털은 쉽고 빠르지만 책은 느리고 어렵습니다. 그럼에도 불구하고 책은 필요합니다.

문해력 격차를 줄이고 싶다면, 다시 책으로 돌아가야 합니다. 책은 오늘도 아무 말 하지 않지만 가장 많은 말을 준비하고 있기 때문입니다. 디지털 시대, 책은 오히려 더 강력해졌습니다.

2장

유형별 문해력 금쪽이를 위한 만능 처방전

강요하지 않고, 연결부터 시작하십시오.

아이의 생활·관심사와 책을 연결하는 브릿지를

먼저 만듭니다.

읽기의 감정부터 회복하십시오.

실패감, 두려움, 무기력을 먼저 다뤄야

독서 전략이 먹힙니다.

'읽기→말하기→쓰기'의 순서를 존중하십시오.

많은 아이들은 글쓰기보다 말로 먼저 생각을 풀어야 합니다.

독서 지도는 독서 훈련이 아닙니다.

'읽히는 것'이 아니라, '내 것으로 만드는 경험'이 핵심입니다.

문해력 금쪽이를 위한 10가지 유형 진단 가이드

"우리 아이, 어디가 문제일까?"

아이에게 책을 읽히고 싶은데 도무지 읽지 않습니다. 읽긴 읽는데 문제를 풀지 못합니다. 줄거리는 아는데 느낀 점은 없습니다. 말은 잘하는데 글은 못 씁니다. 부모의 속은 타들어 가지만 아이는 늘 제자리인 것 같습니다. 그럴 때 우리는 이렇게 말합니다. "우리 아이는 도대체 왜 이럴까?"

그 물음의 답을 찾기 위해, 지금부터 문해력 금쪽이 10가지 유형을 하나씩 살펴보려 합니다. 이 유형은 실제로 수많은 아이들을 만나온 교육 현장에서 발견된 '문해력 문제의 얼굴들'입니다. 혹시 아래 제시된 것 중 한 가지라도 내 아이에게 해당된다면 지금부터 이 장의 내용에 더 집중해도 좋습니다.

📖 문해력 금쪽이 유형 10선

① **'책은 나의 원수형'**: 책만 보면 눈빛이 흔들리는 아이

② **'한 글자도 안 읽어요형'**: 책을 펴지도 못하고 끝나는 아이

③ **'대신 읽어 주세요형'**: 혼자 읽으려 하지 않는 아이

④ **'이 책만 좋아해요형'**: 학습만화, 판타지 등 특정 장르만 고집하는 편독형 아이

⑤ **'끝까지 못 읽겠어요형':** 앞부분만 읽고 덮는 아이

⑥ **'말로는 못하겠어요형':** 줄거리는 따라가지만 등장인물의 감정이나 주제를 이해하지 못하는 아이

⑦ **'느낀 점은 없는데요형':** 줄거리는 알지만 감정은 모르는 아이

⑧ **'다 아는 이야기인데요형':** 겉만 핥고, 속은 읽지 않는 아이

⑨ **'무조건 외우는 줄 아는형':** 글을 이해하기 보다 암기하려는 아이

⑩ **'이게 뭔 말이에요형':** 책을 읽으며 문장이나 단어의 뜻을 전혀 이해하지 못하는 아이

지금부터 소개할 아이들의 모습은 누군가에게는 숨기고 싶은 결함일지 모릅니다. 하지만 우리는 알고 있습니다. 이 문제들은 아이 안의 결핍이 아니라, 문해력이라는 꽃이 피어나기 직전의 '씨앗'이라는 것을 말입니다. 우리 아이들이 이해받지 못한 독자가 될지, 읽기를 사랑하게 될 독서가가 될지는 어른들의 첫 개입에 달려 있습니다. 이제, 유형별로 문해력 금쪽이 아이들의 특징과 해법을 하나씩 살펴봅시다.

📖 진단 가이드-문해력 금쪽이 10가지 유형 자가 진단 체크리스트

체크리스트는 10개의 유형이 나옵니다. 각 유형에는 각 4개의 항목이 있습니다.

각 유형과 항목을 보고 아이에게 해당되는 곳에 ☑ 표시해 보세요.

각 항목은 특정 문해력 문제 유형을 가리킵니다. ☑가 2개 이상이면 해당 유형일 가능성이 큽니다. 복합 유형인 경우도 많으므로, ☑

가 많은 유형부터 먼저 본문에서 읽어보세요.

　내 아이는 몇 번 유형일까요? 우리 아이의 문해력, 지금이 진짜 시작할 골든타임일 수 있습니다.

① '책은 나의 원수형'

☐ 책을 읽자고 하면 갑자기 화를 내거나 짜증을 낸다.

☐ 책상에 앉아도 책장을 펴지 않고 딴짓을 한다.

☐ "책 읽는 건 재미없어" 또는 "싫어"라는 거부 표현을 한다.

☐ 예전에 책 때문에 혼났던 기억을 트라우마처럼 떠올린다.

② '한 글자도 안 읽어요형'

☐ 책을 전혀 펴지 않으며, 시도조차 하지 않으려 한다.

☐ "읽어 봤자 뭐해요?" 같은 무기력하고 냉소적인 반응을 보인다.

☐ 글씨 많은 책은 제목만 보고 곧장 덮어버린다.

☐ "그냥 안 읽을래요"라는 포기하는 듯한 말을 자주 한다.

③ '대신 읽어 주세요형'

☐ 책을 고르긴 하지만 누군가에게 꼭 읽어달라고 한다.

☐ 부모나 선생님이 읽어주는 것만 좋아한다.

☐ 오디오북이나 영상 요약과 같은 간접 독서만 선호한다.

☐ 시험 지문이나 문제도 "읽어 주세요"부터 말한다.

④ '이 책만 좋아해요형'

☐ 책을 많이 읽는다지만 학습만화나 캐릭터 중심 책에 집중한다.

☐ 만화 속 내용은 기억하는데 글 중심 책은 도통 이해하지 못한다.

☐ 판타지, 전투물 등 특정 장르에만 몰입하며 읽기의 폭이 좁다.

☐ 글책을 권하면 "재미없어요, 어려워요"라며 거부 반응을 보인다.

⑤ '끝까지 못 읽겠어요형'

☐ 앞부분은 흥미롭게 읽지만 늘 중간에 덮는다.

☐ 긴 글이나 긴 소설은 끝까지 본 적이 거의 없다.

☐ "앞은 기억나는데 뒤는 잘 모르겠어요"라고 자주 말한다.

☐ 읽는 중에 시선이 자주 흐트러지고 딴생각을 하는 경향이 있다.

⑥ '말로는 못하겠어요형'

☐ 책을 읽었다고 하지만 내용을 요약하거나 설명해보라고 하면 입
을 다문다.

☐ 등장인물이나 줄거리 흐름을 물어도 "그냥 읽었어요"라며 얼버
무린다.

☐ 질문을 받아도 "잘 모르겠어요, 기억이 안 나요"만 반복한다.

☐ 말로 설명하려는 시도 자체를 부담스러워하며 회피한다.

⑦ **'느낀 점은 없는데요형'**

☐ 책을 다 읽고도 "느낀 점이 없어요"라고 말한다.

☐ 감정 표현보다 줄거리만 요약하려 한다.

☐ "좋았다, 재미있었다"라는 말 외에는 표현이 없다.

☐ 주인공의 마음에 대해 말하라고 하면 대답하지 못한다.

⑧ **'다 아는 이야기인데요형'**

☐ 책을 빠르게 읽지만, 자세한 내용은 설명하지 못한다.

☐ "이건 다 아는 이야기예요"라고 반응한다.

☐ 결말은 말할 수 있지만 왜 그런지는 설명하지 못한다.

☐ "그냥 뻔한 이야기죠"라며 겉 핥기식 읽기를 당연하게 여긴다.

⑨ **'무조건 외우는 줄 아는형'**

☐ 글을 읽고 이해하려 하기보다 외우려고 한다.

☐ 배운 문장, 문제 유형 외에는 읽기와 풀이를 회피한다.

☐ 질문의 의도를 파악하지 못하고 기계적으로 답한다.

☐ 조금만 문장이 바뀌어도 내용 파악이 어렵고 정답률이 뚝 떨어
진다.

⑩ **'이게 뭔 말이에요형'**

☐ 글을 읽으려고 하면 낯선 어휘에 자주 부딪힌다.

☐ 문장 구조를 이해하지 못하고 앞뒤 문맥이 끊긴다.

☐ "다 읽었는데 무슨 말인지 모르겠어요"라는 말을 반복한다.

☐ 요점, 주제, 핵심 내용을 잡아내는 능력이 부족하다.

'책은 나의 원수형'
– 문해력 금쪽이 유형 1

책만 보면 도망가고, 독서 시간이 공포인 아이. 이 아이들에게 필요한 건 '독서 의지'가 아니라 '읽기 감정 회복'입니다.

📖 초등학교 3학년 A의 경우

"선생님, 전 책이 싫어요. 그냥 싫어요." 내가 운영하는 학원에 등록한 A는 초등학교 3학년 남자아이였습니다. 상담 첫날 A에게 책 한 권을 건넸습니다. 그러자 A는 책을 잡자마자 책상에 엎드리며 말했습니다. "이거, 꼭 읽어야 돼요?" 나는 대답 대신 책장을 펴며 말했습니다. "그럼 선생님이 먼저 읽어볼게. 넌 그냥 그림만 봐줘." 그날 A는 책을 펴진 않았지만, 내가 읽는 내용을 옆에서 듣고는 그림을 가리키며 이야기했습니다. "이 사람 왜 이러는 거예요?" "어? 이 장면 웃기다." A에게 '책'이 아니라 '이야기'로 접근하자, 반응이 달라지기 시작했습니다. 중요한 것은 읽기보다 느끼기였던 것입니다. 그날 이후, A에게 책은 적이 아니라 관찰할 수 있는 대상이 되었습니다. 책장을 넘기게 하기보다 먼저 마음을 열게 해야 한다는 것을 다시금 느꼈습니다.

📖 **'책은 나의 원수형'의 문해력 특성**

- 책을 읽지 않는 것이 아니라, 책을 피하려 든다.
- 독서를 해야 할 일로 인식하는 경우가 많다.
- 독서는 싫어하지만 이야기 전달력은 뛰어난 경우가 많다.
- 줄거리는 기억하지만 감정선이나 주제 의식은 놓치는 경우가 많다.

📖 **부모가 흔히 하는 실수**

'책은 나의 원수형'의 아이를 둔 부모들은 처음부터 성급하고 강압적인 태도를 취했을 가능성이 큽니다. "이 책은 꼭 읽어야 돼"라고 미선화하거나, "너 이거 안 읽으면 다음 학년 힘들어"라며 협박하는 식입니다. 책을 한 번 폈다면 끝까지 읽어야 한다는 태도로 일관하거나, 이 책을 지금 당장 읽지 않으면 다음 학년 때 힘들다는 으름장이 이어집니다. 겨우 책을 다 읽은 후에는 억지로 독후감 쓰게 하거나, 틀린 문장을 고쳐 다시 쓰게 하는 일 또한 아이들을 책과 원수로 만드는데 일조했을 것입니다. 여기에 쓴 글을 다시 들춰가며 "이 문장은 이상하네. 다시 써야지"라고 고쳐 쓰기까지 시키는 순간 책은 피해야 할 대상으로 각인됩니다. 이쯤 되면 아이는 책을 싫어하는 것이 아니라 책을 대하는 어른의 태도를 거부하게 됐다고 봐야 합니다.

책과의 관계가 무너진 '책은 나의 원수형'의 아이들에게 필요한 것은 독서력 강화가 아니라 읽기 감정을 회복하는 일입니다. 읽는다는 행위보다 책 앞에서 책을 대할 때 아이 스스로 어떠한 감정을 느끼는지를 확인해보는 것이 선행되어야 합니다.

이때 가장 손쉬운 방법은 이야기 들려주기입니다. 처음에는 책을 읽으라고 하지 말고, 그냥 들려주기부터 시작해 보십시오. 오디오북도 좋고, 부모가 읽어주는 목소리도 괜찮습니다. 중요한 것은 아이가 부담 없이 책의 내용에 접근할 수 있어야 한다는 것입니다. 책=이야기라는 공식이 맞아떨어지기 시작한다면 그다음부터는 그림이나 장면을 아이와 함께 바라봅시다. "이 장면 보니까 기분이 어때?, 이때, 너였으면 어땠을까? 엄마랑 같이 다음에 나올 얘기를 맞혀볼까?" 이와 같은 질문은 아이가 내용을 읽는 것보다 느끼는 것에 집중하게 만듭니다. 그리고 이때, 질문도 조심스럽게 던져야 합니다. 절대 욕심을 내서는 안 됩니다. "무슨 뜻이야?"라고 묻는 순간, 아이는 시험을 보는 기분이 들어 돌아올 수 없는 강을 건너버릴 것입니다.

무엇보다 중요한 것은 책을 다 읽은 뒤 무언가를 하게 만들지 않는 것입니다. 글쓰기는 섣부릅니다. 느낌을 말로 정리하는 것이 아닌 감정 스티커 하나면 됩니다. 결코 친해질 수 없었던 책과 아이의 관계가 회복되는 일에 아이가 도망치지 않는 것만으로도 큰 변화가 시작된 것입니다.

'책은 나의 원수형'을 위한 추천 도서 리스트

☐ **도서명** 이상한 과자 가게 전천당

✏ **작가/출판사** 히로시마 레이코/길벗스쿨

☝ **추천 포인트** 에피소드형 구성으로 끊어 읽기에 대한 부담이 적다. 캐릭터 중심의 신비한 분위기로 아이들의 궁금증을 유발한다.

☐ **도서명** 책 먹는 여우

✏ **작가/출판사** 프란치스카 비어만/주니어 김영사

☝ **추천 포인트** 책을 먹는다는 상상 자체로도 아이들에게 웃음을 유발한다.

☐ **도서명** 슈퍼 거북

✏ **작가/출판사** 유설화/책 읽는 곰

☝ **추천 포인트** 짧은 문장과 반복되는 구성으로 읽기에 대한 용기와 첫 성공 경험을 기대할 수 있다.

☐ **도서명** 잔치국수

✏ **작가/출판사** 김이삭/걸음동무

☝ **추천 포인트** 한 번쯤은 먹어봤을 잔치국수를 만드는 과정과 의미가 짧고 간결하게 정리되어 있어 아이들과 대화를 이어가며 독서가 가능하다.

책을 펼치지 않습니다. 시도조차 하지 않습니다. 이 아이에게 필요한 건 ‘의욕’이 아니라 ‘시작할 용기’입니다.

📖 초등학교 4학년 B의 경우

“왜요? 그냥 안 읽고 살 거예요.” 초등학교 4학년 B는 상담 첫날부터 단호했습니다. 책을 건네자 고개를 돌렸고, 표지에 적힌 제목을 훑어보더니 한숨부터 쉬었습니다. “이건 그냥 어려워 보여요.” 읽어보지도 않았지만 B는 이미 알고 있는 듯 말했습니다. “책 읽기가 싫어?”라고 묻자 B는 고개를 끄덕이며 되물었습니다. “모든 아이들은 책을 다 좋아해야 해요?” 그 순간 나는 알았습니다. B는 책을 미워하는 게 아니었습니다. 그저 ‘나는 책을 못 읽는 애’라고 자신을 낙인찍은 아이였습니다. 읽지 않겠다는 말 뒤엔 사실, ‘잘 읽을 자신이 없다.’는 속마음이 고스란히 숨겨져 있었습니다.

그날 나는 책 대신 말부터 꺼냈습니다. “요즘 제일 많이 본 건 뭐야?”, “게임이요.” 그 대답 하나로, 아이는 웃었고 우리는 게임 채널 이야기로 20분을 떠들었습니다. 선생님이 매년 부산에서 열리는 국제게임전시회인 지스타를 진행했던 작가라고 하니 B는 더욱 신나서 이야기를 주도했습니다. 책이 아니라 말로 시작한 대화 속에서 B는 조금씩 스스로를 풀어낸 것입니다. 확신이 생겼습니다. 이 아이에게 필요했던 것은 의욕이 아니라, 마음의 문부터 여는 용기였습니다.

📖 '한 글자도 안 읽어요형'의 문해력 특성

- 독서 전반에 부정적 인식이 강하다.
- 글자를 해독할 수 있음에도, 읽기 자체를 회피한다.
- 책을 열기도 전에 재미없다고 판단한다
- 자신을 안 읽는 아이라고 단정시켜 버린다.

📖 '한 글자도 안 읽어요'형을 위한 독서법: 용기 북돋움형 독서법

실제로 '한 글자도 안 읽어요형'의 아이를 둔 부모들은 흔히 의욕을 불어넣기 위해 다독 신화에 의존합니다. "네 반에서 ○○는 하루에 책 세 권씩 읽는다더라, 너도 지금 안 읽으면 나중에 큰일 나." 이런 비교와 미래 공포로 설득하려는 순간, 아이는 책을 부담의 덩어리로 인식하게 됩니다. 심지어 "왜 안 읽니? 도대체 뭐가 싫은데?"라는 질문은, 아이에게 문제아라는 메시지로 들릴 수 있습니다.

책을 안 읽는 아이에게 가장 먼저 필요한 건 책이 아닙니다. 대신 아이가 관심 있는 말부터 꺼내 봅시다. 요즘 빠져 있는 게임 이야기, 유튜브 영상, 애니메이션 줄거리…. 거기서부터 서사 구조를 함께 이야기해보는 것입니다. "그래서 주인공이 왜 그런 선택을 했는데? 이야기 끝에 뭐가 제일 기억나?" 이런 질문은 책을 읽지 않아도 이야기 속 사고력을 작동시키는 방식입니다.

　책을 권할 때는 추천이 아니라 함께 보기여야 합니다. "읽어보자"가 아니라 "한 장만 같이 넘겨볼까?"처럼 행위보다 호기심에 집중하는 말로 접근해야 합니다. 그리고 절대 평가하지 말아야 합니다. 읽었든 못 읽었든 책 앞에 앉아 있었다면 그건 충분히 의미 있는 시도입니다. 이때 반드시 기억해야 할 것이 있습니다. 아이가 책 앞에 앉아 있기만 해도 칭찬받아 마땅합니다. 지금은 한 글자도 안 읽는 아이라 해도 그 앉아 있음이 곧 읽기의 싹이 되기 때문입니다.

'한 글자도 안 읽어요형'을 위한 추천 도서 리스트

📗 **도서명** 읽지마 도서관

✏️ **작가/출판사** 이지음/킨더랜드

☝️ **추천 포인트** 독서왕 주이공이 도서관에서 특별한 책을 발견하면서 생기는 판타지 동화로 수수께끼 같기도 하고 마법 같기도 한 느낌을 준다.

📗 **도서명** 누구의 잘못일까? 1 인간 vs 동물

✏️ **작가/출판사** 곽영미/미래엔아이세움

☝️ **추천 포인트** 인간과 동물에 법정에서 싸움을 한다면 생길 수 있는 일에 대한 위트있는 고민이 가능하다.

📗 **도서명** 내 대신 선택해줘, 무물봇!

✏️ **작가/출판사** 제성은/곰세마리

☝️ **추천 포인트** 스스로 선택하는 법을 모르는 주인공에게 나타난 인공지능 챗봇과이 만남을 통해 벌어지는 일이 흥미진진하다.

📗 **도서명** 구구옥

✏️ **작가/출판사** 백혜영/아르볼

☝️ **추천 포인트** 이별과 죽음이라는 고민에 놓인 아이들 세 명의 고민 해결 과정이 재치있게 그려져 있어 한 권을 읽어내는 데 부담이 없다.

이 아이에게 필요한 건 '속도'가 아니라 '독립 읽기의 용기'입니다. 책은 고르는데, 꼭 누군가가 읽어줘야만 하는 아이. 이 아이는 글자는 알지만, 혼자 읽는 데는 자신이 없습니다.

📖 초등학교 2학년 E의 경우

"선생님, 이거 어려우니까 읽어주세요." E는 말도 잘하고, 그림책도 좋아하지만 항상 책을 혼자 읽지 못했습니다. 엄마는 "애는 책을 좋아해요. 그래서 꼭 누가 읽어줘야 해요"라고 말했습니다. 수업 첫날, 나는 짧은 동화책을 건넸습니다. E는 웃으며 말했습니다. "선생님, 이건 제가 아는 책이에요. 읽어주세요." 나는 책을 펼치며 물었습니다. "그럼 우리 둘이 번갈아 읽어볼까? 너는 짧은 문장, 나는 긴 문장." 처음엔 망설였지만, E는 점점 목소리를 냈고, 페이지를 넘기며 질문도 하기 시작했습니다. "이 사람 지금 어디 가요? 이 장면 다음엔 뭐 나와요?" 책을 들려주는 방식에서 함께 읽는 방식으로 전환하자 아이의 눈이 글자를 따라가기 시작했습니다. 이 아이에게 필요한 건 '속도 훈련'보다 '독립된 읽기 경험'이었습니다.

비슷한 경험은 또 있습니다. F는 책을 좋아하지만 혼자서는 좀처럼 읽으려 하지 않았습니다. 부모 상담에서 어머니는 "얘는 글자만 보면 갑자기 배가 아프다고 해요"라며 웃었습니다. 실제로 학원에서 첫 독서 수업을 시작했을 때 F는 책을 펼치자마자 "선생님이 먼저 읽어주세요"라고 했습니다. 나는 짧은 그림책을 소리 내어 읽으며 중간중간 질문을 건넸습니다. "이 장면에서 어떤 소리가 들릴까? 주인공은 지금 기분이 어땠을까?" 놀랍게도 F는 책을 읽지는 않았지만, 듣는 동안 상상력을 곧잘 발휘했습니다. 심지어 그림을 보고 대사를 만들어 붙이기도 했습니다. 2주 후, 나는 책장을 반쯤 덮고 말했습니다. "오늘은 F가 한 장면만 읽어줄래? 선생님은 목이 조금 쉬었거든." F는 처음엔 망설였지만, 익숙한 문장이 나오는 페이지를 골라 또박또박 읽기 시작했습니다. 그렇게 '듣는 독서'에서 '함께 읽는 독서'로, 그리고 '혼자 읽는 독서'로의 전환이 시작되었습니다.

4개월이 지난 지금, F는 주 1회 전래고전을 스스로 낭독하고 짧은 한 줄 소감을 남깁니다. "나는 거북이보다 느릴 때도 있지만, 그래도 포기하진 않아요." 이 문장은 F가 〈토끼전〉을 읽고 쓴 첫 감상문입니다. 이제 F는 책을 듣는 대상이 아니라 함께 말을 걸 수 있는 친구로 여깁니다.

📖 '대신 읽어 주세요형'의 문해력 특성

- 읽기에 대한 자기 확신이 부족하다.
- 오디오북, 동화 듣기만 선호하고, 직접 읽기를 회피한다.
- 지문 독해나 수행평가에서도 읽어주는 걸 기대한다.
- 질문과 대화로 내용을 잘 이해하지만 독립적 독해력은 부족하다.

📖 '대신 읽어 주세요형'을 위한 독서법: 독립성 강화 독서법

'대신 읽어 주세요형'의 아이를 가진 부모들은 아이가 책을 읽어달라는 요청이 있을 때 바로 읽어줬을 가능성이 큽니다. 들려주기만 반복하다 점차 아이의 독립적 독서의 기회를 잃게 만드는 것입니다. 급기야 아이가 책을 읽더라도 금세 멈추거나 했을 때, 지적을 하거나 위축되는 말로 핀잔을 준다면 아이는 결국 읽기 독립에 실패하게 됩니다. 이때, 부모가 해야 할 첫 번째 임무는 낭독은 유치한 것이 아니라는 것을 알려줘야 합니다.

특히 아이가 "읽어 주세요"라고 할 때 "같이 읽자"로 방향을 바꾸어 읽기의 부담을 분산시키고, 아이가 용기를 내 한 문장이라도 읽으면 "너 덕분에 내용이 더 잘 이해됐어"라는 긍정의 피드백을 주어야 합니다. 또한 읽기 중간에 질문하기보다 읽은 뒤 감정을 이야기해야 합니다. 마지막으로 짧은 문장의 그림책에서 긴 그림책, 단편에서 장편 순으로 독립 독서를 구조화하는 것이 좋습니다.

'대신 읽어 주세요형'을 위한 추천 도서 리스트

📘 **도서명** 도서관 생쥐

✏️ **작가/출판사** 다니엘 커크/푸른날개

👉 **추천 포인트** 읽기와 쓰기가 얼마나 행복한 일인지를 알려주는 책이다.

📘 **도서명** 고 녀석 맛있겠다

✏️ **작가/출판사** 미야니시 타츠야/달리

👉 **추천 포인트** 짧은 문장과 감정이 담긴 상황 설정 덕분에 독서가 어려운 아이
도 자연스럽게 읽을 수 있다.

📘 **도서명** 고양 만두

✏️ **작가/출판사** 상자/노는날

👉 **추천 포인트** 이야기 구조가 반복되고 의성어, 의태어가 풍부해 부담 없이 읽
을 수 있다.

'이 책만 좋아해요형'
– 문해력 금쪽이 유형 4

만화는 잘 읽지만, 글책은 피합니다. 마법, 판타지, 시리즈물은 줄줄 외우지만 감상이 없습니다. 책을 읽는다고 믿지만, 문해력은 자라지 않습니다. 아이에게 필요한 건 '독서량'이 아니라 '해석력'입니다.

📖 초등 4학년 I의 경우

"만화책은 하루에 다섯 권도 읽어요!" 초등학교 4학년 I의 독서록을 보면 무려 한 달에 30권을 읽었다고 적혀 있었습니다. 그러나 자세히 들여다보니 모두 학습만화였습니다. 〈Who?〉, 〈Why?〉, 〈GoGo 한국사〉, 〈Why? 과학 시리즈〉 등. 부모는 걱정스러웠습니다. "읽기는 읽는데 문제는 그다음이에요. 기억에 남는 게 없어요. 독후감도 다 줄거리 복사 수준이고요." 상담 시간에 나는 I에게 이렇게 물었습니다.

"가장 기억에 남는 책은 뭐야?", "음… 〈Who? 앨런 튜링〉이요."

다시 물었습니다. "왜?"

"그냥…, 유명한 사람이 나온 표지가 멋있었어요."

나는 그 책의 마지막 장면을 함께 읽었습니다. 비극적인 삶을 선택한 과학자 튜링이 세상에 이해받지 못하고 죽어가는 장면을 덮은 뒤 나는 조용히 물었습니다. "너는 이 사람 마음이 이해가 돼?" 침묵이 흐른 뒤, I는 처음으로 표정을 바꾸며 말했습니다. "조금 슬퍼요. 아무도 도와주지 않았잖아요." 그날 이후 우리는 학습만화를 '줄거리'가 아닌 '감정으로 읽기' 시작했습니다.

또한 J는 책을 좋아한다고 했습니다. 〈전천당〉, 〈마법천자문〉, 〈쿠키런〉, 〈내일은 수학왕〉, 〈한자왕〉 시리즈까지 다 꿰고 있었습니다. 어머니도 말했습니다. "하루에 책을 한 권은 꼭 읽어요. 만화지만요." 하지만 글쓰기 수업 시간, J는 아무것도 쓰지 못했습니다. 읽은 내용이 기억나지 않았고, 주제도 파악하지 못했습니다. 그래서 저는 물었습니다. "전천당에서 기억나는 장면은 뭘까?" J는 한참을 생각하다 말했습니다. "그냥…, 과자도 나오고, 벌 받는 이야기요." 그 말 속에 많은 게 들어있었습니다. 이야기는 반복적으로 접했지만 이해도도, 몰입도도 없이 스쳐 간 독서였던 것입니다. 그날 이후 J와는 만화 속 문장을 고르고 말로 설명해보기 활동을 시작했습니다. 그로부터 두 달 뒤, J는 글이 아니라 생각을 꺼내기 시작했습니다.

📖 '이 책만 좋아해요형'의 문해력 특성

- 시각적 정보에 익숙하고 글자보다 그림에 집중하는 경향이 있다.
- 독서를 빨리빨리 클리어하려는 태도를 보인다.
- 책을 정보가 아니라 캐릭터 소비로 접근한다.
- 독서 후 요약해서 말할 수는 있지만 감상이나 해석 능력이 부족하다.

많은 부모들은 학습만화라도 많이 읽었다고 해서 무조건 칭찬하는 경우가 있습니다. 그러다 보면 아이는 학습만화를 읽는 것을 독서라고 착각하고 지속할 가능성이 큽니다. 학습만화 속에 어휘나 개념이 등장한다는 이유로 공부 효과가 있다고 오해하는 것입니다. 하지만 학습만화 시리즈를 여러 차례 반복하는 것을 상위권 독서라는 생각을 버려야 합니다. 학습만화와 글 책의 독서는 엄연히 구분되어야 합니다.

특정 장르만 고집하는 경우도 마찬가지입니다. 책을 사줄 때, 다른 장르의 책 사이에 같은 주제의 책을 함께 키워 사주거나 전시나 다큐, 유튜브 영상 등을 함께 보며 이야기를 연관 짓고 타 장르의 글 책으로 자연스럽게 이동해도 좋습니다.

예를 들어 〈전천당〉을 좋아하는 아이라면 글책 버전인 〈이상한 과자 가게〉로 바꾸어 보거나 글책을 읽은 후 만화의 한 컷처럼 상상해 보거나, 판타지 장르 속 상황을 역사 속 사건과 연계해 봐도 좋습니다. 아이는 이 과정을 통해 책에 대한 깊이 있는 해석력을 갖추게 될 것입니다.

'이 책만 좋아해요형'을 위한 추천 도서 리스트

📖 **도서명** 달빛 그림자 가게

✏️ **작가/출판사** 김우수, 정은경/길벗스쿨

👉 **추천 포인트** 판타지적 상상력과 따뜻한 감성이 담겨 있어 글책의 서사와 분위기에 빠져들 수 있도록 한다.

📖 **도서명** 5학년 2반 집중력 도둑

✏️ **작가/출판사** 김연희/터닝페이지

👉 **추천 포인트** 간결한 문장과 단순한 스토리 전개로 아이들이 공감하며 읽을 수 있다.

📖 **도서명** 악당의 무게

✏️ **작가/출판사** 이현/휴먼어린이

👉 **추천 포인트** 캐릭터 중심의 만화에서 벗어나 선과 악에 대한 철학적 질문을 주고받을 수 있다.

📖 **도서명** 펭귄 날다!

✏️ **작가/출판사** 이성자/책내음

👉 **추천 포인트** '펭귄이 날 수 있을까?'라는 궁금증으로 시작하지만 우정, 사회, 장애, 편견 등 아이들과 이야기 나눌 소재가 다양하다.

'끝까지 못 읽겠어요형'
– 문해력 금쪽이 유형 5

책 읽는 걸 싫어하는 건 아닌데, 몇 장 넘기면 마음이 멀어집니다. 읽기는 시작했지만, 마침표는 없습니다. 이 아이에게 필요한 건 흥미가 아니라 '독서 지속력'입니다.

📖 초등 4학년 M의 경우

"끝까지 읽으라고요? 그건 좀 힘들어요." M은 책을 좋아한다고 했습니다. 수업 시간에 책을 직접 고르고 빠르게 펼쳐보기도 했다. 그런데 매번 책을 반쯤 읽고는 다른 책을 꺼내왔습니다. "아까 고른 그 책은 안 읽었어?" 물으면 "그건 다 읽었어요. 대충"이라는 답이 돌아왔습니다. 내용 요약을 시키면 결말 부분은 설명하지 못했고, 감정이나 주제도 앞부분만 붙잡고 있었습니다.

아이에게 조심스럽게 물었습니다. "그 책 결말은 뭐였어?", "음… 기억이 잘 안 나요." 그래서 나는 말해주었습니다. "괜찮아. 네가 멈춘 장면까지는 집중했잖아. 그럼 결말은 어떻게 될 것 같아?" M은 잠시 고민하더니, "아마 그 아이가 돌아왔을 것 같아요." 결말까지 읽지 못했지만, 읽은 만큼의 내용을 스스로 연결하고 마무리하려는 시도였습니다. 이 아이에게 필요한 건 독서 의지가 아니라 독서 지속을 위한 구조화된 환경이었습니다. 그래서 나는 M에게 제안했습니다. "앞부분은 정말 잘 읽었네. 그럼 결말은 네가 한번 상상해서 결말을 만든다면 어떨까?" 그로부터 한 달 정도가 지났을 때, 우리는 그 책을 다시 꺼내 들어 뒷부분부터 읽기 시작했습니다. M은 자신이 만들어 낸 결말과 실제 결말을 비교하며 말하기 시작했습니다. 끝까지 다 읽은 뒤 아이가 말했습니다. "제가 만든 결말은 너무 단순했던 것 같아요. 진짜 결말이 더 신기했어요." 그 말을 계기로 M은 독서에 더 이상 초반만 잡고 끝내는 아이가 아니었습니다.

📖 '끝까지 못 읽겠어요형'의 문해력 특성

- 표지나 제목을 보고 책을 꺼내든다.
- 책 읽기 자체에 대한 거부감은 없다.
- 줄거리 전개나 인물의 변화, 주제에 대한 관심이 적다.
- 설정 자체에만 몰입하고 흥미로운 상황에만 반응한다.

📖 '끝까지 못 읽겠어요형'을 위한 독서법: 지속 가능한 독서법

책을 좋아한다고 말하면서도 늘 중간까지만 읽고 덮어버리는 아이들, '끝까지 못 읽겠어요형'을 둔 부모들은 종종 답답함을 호소합니다. 집에 책은 많지만 정작 끝까지 다 읽은 책은 손으로 꼽힌다는 이유 때문입니다. 이러한 아이들을 위한 독서법은 한 마디로 지속 가능한 독서법이 되어야 합니다. 왜냐하면 책 한 권을 다 읽는 것보다 책을 끝까지 읽고 싶어지는 마음을 만드는 게 더 중요하기 때문입니다.

이때 부모가 반드시 기억해야 할 중요한 원칙을 절대 욕심을 내지 말아야 한다는 것입니다. 책 한 권을 끝까지 읽는 것보다, 책을 끝까지 읽고 싶어지는 마음을 만들어주는 것이 훨씬 중요합니다. 독서가 습관으로 이어지기 위해서는 완독을 목표로 몰아붙이는 방식이 아니라, '지속 가능한 독서법'을 실천해야 합니다.

이 독서법의 핵심은 '책을 짧게 쪼개어 나누어 읽는 것'입니다. 처음부터 한 권을 다 읽겠다는 생각은 접고, 하루에 한 장, 혹은 한 챕터만 읽는 것도 충분합니다. 아이의 부담감을 줄이면서도 '오늘도 읽었다'는 성취감을 느끼게 해주는 것이 중요합니다. 이때 아이가 좋아하는 모양이나 색깔의 책갈피를 준비해, 읽은 만큼 직접 표시해 보게 합시다. 눈에 보이는 진도가 쌓이는 경험은 다음 장으로 나아갈 동기를 부여합니다.

또한 독서는 '시간'과 '장소'를 정해 루틴화하는 것이 좋습니다. 매일 같은 시간에, 같은 장소에서 책을 읽는 습관은 독서가 생활 속으로 스며들게 하는 환경적 장치가 됩니다. 짧더라도 꾸준한 루틴이 쌓이면 독서는 일회성이 아닌 일상으로 자리 잡습니다.

책이 중간쯤에 이르렀다면 짧게나마 아이와 대화를 시작합니다. "지금 이 인물에게는 어떤 상황이 닥친 거야?"라고 물어보는 것입니다. 놓친 내용은 없는지, 흐름을 이어갈 수 있도록 도와줘야 합니다. 그리고 끝까지 다 읽었다면 이 질문은 꼭 해야 합니다. "마지막에 주인공이 어떻게 됐더라?"라는 질문은 단순히 결말을 떠올리는 것을 넘어 책을 완주했다는 감동을 심어줄 것입니다. 아이는 처음으로 '끝까지 읽은 책'이라는 경험을 기억하게 됩니다. 그 성취감은 다음 책을 향한 의지를 불러일으킵니다. 독서는 경쟁이 아니라 아이가 이어가야 할 여정이라는 것을 잊지 맙시다.

'끝까지 못 읽겠어요형'을 위한 추천 도서 리스트

📕 **도서명** 뒤뜰에 골칫거리가 산다

✏️ **작가/출판사** 황선미/창비

☝️ **추천 포인트** 뚜렷한 목표가 있는 주인공을 따라가며 읽기에 부담이 없다.

📕 **도서명** 어쩌다 고양이 탐정

✏️ **작가/출판사** 정명섭/다른

☝️ **추천 포인트** 옆집 할머니의 고양이를 찾아다니는 탐정의 이야기로 좌충우돌
성장기를 담고 있다.

📕 **도서명** 과학 추리반 아이들

✏️ **작가/출판사** 윤자영/한경키즈

☝️ **추천 포인트** 과학 원리와 추리를 함께 다루며 흡입력 있게 이야기를 끌고 간다.

📕 **도서명** 책 읽는 강아지 몽몽

✏️ **작가/출판사** 수신지, 최은옥/비룡소

☝️ **추천 포인트** 운율감과 리듬감이 있어 낭독하는데에도 부담이 없다.

📕 **도서명** 나는 뚱뚱하다

✏️ **작가/출판사** 최승한/베틀북

☝️ **추천 포인트** 직관적인 제목만 보면 단순히 외모 이야기 같지만 자기 고백
적이고 의지력을 담은 일기 같기도 한 책으로 결말까지 궁금하
게 만든다.

말로는 못 하겠어요형
– 문해력 금쪽이 유형 6

책은 읽었는데 말로 설명하라고 하면 입을 다뭅니다. 속으로는 다 이해한 것 같은데 입 밖으로는 한 마디도 꺼내지 못합니다. 이 아이에게 필요한 건 '말솜씨'가 아니라 '언어 전환 훈련'입니다.

📖 초등 5학년 N의 경우

"읽긴 다 읽었는데 말로는 못하겠어요." N은 유독 말하기에 자신이 없는 아이였습니다. 책에 대해 말하라고 하면 돌아오는 대답은 뻔합니다. "재밌었어요, 그냥요" 같은 대답이 전부였습니다. "왜 재밌었어, 어떤 장면이 기억나?" 물어도 대답은 흐릿했고 말수는 점점 줄어들었습니다. 그래서 질문을 바꿔보았습니다. "이 장면을 그림으로 그리면 뭐가 나올까, 이 책 속 주인공이 오늘 학교에 오면 어땠을까?" 그러자 아이의 얼굴에 불안했던 그림자가 걷히기 시작했습니다. 말은 적었지만 생각은 있었던 것입니다. 이 아이에게 필요한 건 말을 억지로 끌어내는 것이 아니라, 말이 자연스럽게 흘러나올 수 있는 전환의 계기를 만들어주는 것이었습니다.

"그 장면에서 주인공이 진짜 창피했을 것 같아요. 내가 그 입장이면 울었을 것 같아요." 그런데 글쓰기를 하자 딱 세 문장에서 멈췄습니다. "왜 이렇게 줄였어?", "쓰려니까 어색해서요. 그냥 말로 하면 괜찮은데…." 그래서 N에게 이렇게 제안했습니다. "그럼 네가 한 말을 받아 써줄게. 그걸 글로 다듬어보자." 나는 속기사가 되어 아이의 말을 받아적었고, N은 내가 받아쓴 자신의 글을 보며 말했습니다. "어? 이거 진짜 제가 말한 거예요?", "응. 그런데 이걸 네 말투로 바꾸면 멋진 글이 돼." 그날 이후 N은 말한 걸 글로 옮기기 시작했습니다. 그리고 서서히 입말이 문장으로 변해갔습니다.

📖 '말로는 못 하겠어요형'의 문해력 특성

- 겉으로 보기에는 조용하고 질문에 대답을 회피한다.
- 사람들 앞에서 말할 때 긴장하거나 말실수를 한다.
- 정리, 추론, 감정이입은 잘하지만 표현력이 미숙하다.

📖 '말로는 못 하겠어요형'을 위한 독서법: 말하는 독서법

'말로는 못하겠어요형'의 아이들은 책을 읽고 나름의 감상과 해석을 지니고 있습니다. 하지만 이를 말로 표현하는 데에는 어려움이 있습니다. 그러니 이 유형의 핵심은 '이해력의 결핍'이 아닌 '표현력의 부족'인 것입니다. 실제로 이 유형의 학부모들은 아이들에게 즉답을 요구하는 경우가 많습니다. "그 정도도 말 못하니? 다 읽었는데 왜 설명을 못 해? 네 친구는 줄거리를 줄줄 꿰고 있더라." 이 말들은 아이의 입을 닫게 만드는 주요한 원인이 됩니다. 아이의 생각을 끌어내고 싶은 부모의 욕심을 질문이 아닌 검사로 받아들이는 것입니다. 급기야 아이가 입을 다물면 바로 다음 질문을 이어가는 행위야말로 아이가 표현을 시도하기도 전에 스스로를 '말 못하는 아이'로 낙인 찍는 결과를 초래합니다.

그렇다면 이 유형의 아이들에게는 어떻게 접근하면 좋을까요? 간단합니다. 질문보다 그림으로 접근해보십시오. 말보다 익숙한 표현의 수단이 필요합니다. "이 장면을 그림으로 그린다면 뭐가 좋을까? 이 책이 영화로 나온다면 누구를 캐스팅할까?" 이처럼 접근 방식만 조금 바꾼다면 아이는 어느새 자신의 감정을 말로 끌어낼 수 있을 것입니다. "그 장면이 정말 인상적이었어요"라고 말입니다.

또한 이 유형의 아이들에게 책을 다 읽고 말하는 것은 큰 부담일 수 있습니다. 이때, 짧은 이야기책을 읽다가 중간중간 감정을 공유하는 것이 좋습니다. "바로 이 장면을 읽을 때 나는 좀 울컥하던데 넌 어때? 이런 상황이면 조금 억울할 것 같지 않니?" 이 같은 질문은 아이에게 말로 표현하는 것에 대한 두려움을 조금은 덜어줄 것입니다. 마지막으로 가장 손쉬운 방법은 낭독하기입니다. 낭독이야말로 입과 귀를 동시에 열어주는 아주 간단한 방법입니다. 문장을 그대로 소리 내 읽다 보면 어느새 작가가 쓴 말의 맛과 감정에 익숙해지며 자기의 말로 표현하는 연습을 하고 있을 것입니다.

'말로는 못 하겠어요형'을 위한 추천 도서 리스트

📖 **도서명** 책과 노니는 집

✏️ **작가/출판사** 이영서/문학동네

👆 **추천 포인트** 독서의 세계에 빠진 소녀의 이야기로 '나에게도 이런 책방이 있다면?' 같은 감정이입형 질문이 가능하다.

📖 **도서명** 너라면 어떡할래?(어린이가 만나는 45가지 곤란한 상황)

✏️ **작가/출판사** 제니퍼 무어 말리노스/키움

👆 **추천 포인트** 아이들이 놓일 수 있는 다양한 상황별 이야기로 구성되어 있어 독서 전후에 질문과 답을 유도하기 좋다.

📖 **도서명** 돌고래 복순이

✏️ **작가/출판사** 김란/소미아이

👆 **추천 포인트** 제주의 돌고래에 얽힌 실화를 바탕으로 각색한 동화로 아이들이 좋아하는 동물이 소재로 등장해 자유와 권리에 대한 이야기를 나누기 좋다.

📖 **도서명** 거짓말 같은 이야기

✏️ **작가/출판사** 강경수/시공주니어

👆 **추천 포인트** '이게 정말 사실일까?'라는 이야기를 나눌 수 있는 책으로 지구촌에서 실제로 일어나고 있는 충격적인 일들을 담고 있다.

'느낀 점은 없는데요형'
– 문해력 금쪽이 유형 7

책은 읽었다고 합니다. 줄거리도 기억합니다. 하지만 "느낌은 어땠어?"라는 질문엔 고개를 젓습니다. 이 아이에게 필요한 건 '독해력'이 아니라 '감정 어휘력'입니다.

📖 초등 5학년 P의 경우

"그냥… 그랬어요." P는 책을 잘 읽는 아이였습니다. 내용 요약, 줄거리 정리도 정확했습니다. 그런데 독서록이나 글쓰기를 할 때마다 느낀 점 항목이 비어 있었습니다. "이 책 읽고 어떤 마음이 들었어?", "…글쎄요.", "주인공 마음이 어땠을까?", "음… 그냥 그랬을 것 같아요." 그래서 나는 질문을 바꿨습니다. "이 장면을 보니까 혹시 너도 이렇게 부끄러웠던 적이 있었어?" P는 정곡을 찔린 듯 웃었습니다. "아, 그거요? 그때 진짜 창피했어요!" 그 말로부터 감정 드러내기가 시작됐습니다. 주인공이 혼나는 장면을 보면서 자신도 창피했던 일이 생각난 것입니다. 표현은 서툴렀지만 내면의 문이 열린 순간이었습니다.

- 타인의 감정을 추론하거나 공감하는 데 미숙하다.
- 줄거리나 사실 파악은 잘하지만 감정 표현이 빈약하다.
- "슬펐어요, 좋았어요" 같은 단어 외 감정 어휘의 확장이 없다.
- 자신의 경험과 책 내용을 연결하는데 어려움을 겪는다.

📖 '느낀 점은 없는데요형'을 위한 독서법: 감정 어휘 독서법

'느낀 점은 없는데요형'의 아이를 둔 부모들은 느낀 점을 단순한 말이 아닌 논리로 풀어내길 기대합니다. 느낀 점 속에서도 뭔가를 얻어내고자 하는 것입니다. '너도 좀 느낄 줄 알아야지!'라며 감정이 결핍된 아이처럼 몰아가거나, '그 부분에서는 당연히 울어야지'라며 감정의 답을 강요하는 것은 아이의 솔직한 표현을 방해하기 쉽습니다.

그러므로 책을 읽고 나서 "모르겠어요"라고 반응하는 아이에게 느낀 점을 말하라고 다그치는 일만큼은 절대 해서는 안 될 일입니다. 지금 아이에게 필요한 건 감정을 느끼고도 표현하지 못하는 상태에서 감정을 제대로 인식하고 말로 옮길 수 있는 단어를 알려주는 것입니다. 그리고 그 시작은 바로 감정 어휘 독서법입니다.

아이의 감정에 이름을 붙이는 어휘력을 기르려면 부모의 감정 어휘부터 다양해야 합니다. "엄마는 이럴 때 조금 서운한 마음이 들어, 조금 전의 일은 살짝 불편했어"와 같이 일상 속에서도 감정 어휘는 자랍니다. 아이가 감정 표현이 서툴다고 해서 느낄 줄 모르는 것은 아닙니다. 표현 이전에 감정 자체를 존중하는 것도 중요합니다. 이때 아이의

감정을 어른의 시선으로 해석하거나 재단하는 것을 조심해야 합니다.

또한 감정을 인식하고 표현하는 연습을 위해 '감정 어휘 활동지'를 활용해보는 것을 추천합니다. 하지만 처음부터 어휘를 직접 쓰게 하는 것은 아이에게 부담이 될 수 있습니다. 이럴 때는 말 대신 색깔로 감정을 표현해보는 것이 좋은 시작이 될 수 있습니다. 예를 들어 "이 장면은 어떤 색깔이 떠오르니?"라고 묻는 것입니다. 색이 정해졌다면, 그 이유를 천천히 들어보아야 합니다.

또는 감정을 '온도'로 묻는 방식도 효과적입니다. "지금 기분은 몇 도쯤 될까? 이 장면의 화남은 따뜻한 분노일까, 뜨거운 분노일까?"처럼 구체적인 언어 대신 감각적 표현으로 우회해 질문하면 아이는 보다 편안하게 자신의 감정을 끌어낼 수 있습니다.

'느낀 점은 없는데요형'을 위한 추천 도서 리스트

📖 **도서명** 나는 강물처럼 말해요

✏️ **작가/출판사** 조던 스콧/책읽는곰

👆 **추천 포인트** 발표하기 무섭고 두려워하는 주인공을 위해 흐르는 강물을 통해 자신감을 얻게 해주는 책으로 자기 자신을 사랑하는 방법까지 알려준다.

📖 **도서명** 걱정세탁소

✏️ **작가/출판사** 홍민정/반달서재

👆 **추천 포인트** 마음속 걱정과 고민을 시각적으로 형상화하여 감정 털어놓기 연습이 가능하다. 감정이 없는 세상에 대한 상상도 가능하다.

📖 **도서명** 기분을 말해봐

✏️ **작가/출판사** 앤서니 브라운/웅진주니어

👆 **추천 포인트** 소심한 침팬지를 향한 기분이 어떤지 묻는 질문으로 시작되는 책으로 다양한 상황과 감정을 배울 수 있다.

📖 **도서명** 무서운 집, 재밌는 집, 이상한 집

✏️ **작가/출판사** 강다민/내일을 여는 책

👆 **추천 포인트** 캐릭터들이 직접 들려주는 다양한 집에 관한 이야기로 아이들이 매일 머무는 내 집과 비교 연결해 이야기 나누기 좋다.

'다 아는 이야기인데요형'
- 문해력 금쪽이 유형 8

책은 많이 읽지만, 늘 "다 아는 얘기예요"라고 말하는 아이. 읽기는 하지만, 생각은 머물지 않습니다. 이 아이에게 필요한 건 '독서 습관'이 아니라 '사고 독서'입니다.

📖 초등 6학년 R의 경우

"이건 그냥 전에도 본 얘기예요, 이 책 읽은 적 있어요." R은 도서관에서 책을 참 많이 빌렸습니다. 책장을 넘기는 속도도 빠르고, 서점에서는 신간 도서도 잘 고릅니다. 그런데 수업 시간에 책을 읽고 난 뒤 쓰는 글이 항상 같았습니다. "어땠어?"라는 질문에 "이 책은 재미있었다. 왜냐하면 재미있었기 때문이다"라는 식으로 대충 둘러대거나 "이 책은 주인공이 열심히 했다"로만 정리하곤 했습니다. 아이를 채근하며 다시 이야기해보라고 하면 "그냥 평범했어요. 다 아는 이야기잖아요"라고 대답했습니다. 어떤 책을 읽어도, 어떤 질문을 해도 자동응답기를 틀어 놓은 듯 같은 대답이었습니다. 그럴 때마다 아쉬움이 더 커졌습니다. 이토록 많은 책을 읽고, 책에 익숙한 아이인데, 왜 이렇게도 글 한 줄에 생각이 담기지 않을까? 독서의 양과 수준이 받쳐주는데도, 정작 '제대로 된 아웃풋'이 나오지 않는 현실은 교육자로서 무력감을 느끼게 했습니다.

그래서 R과는 새로운 방식으로 책을 만나보기로 했습니다. 노벨문학상 수상 작가인 한강의 〈소년이 온다〉로 시작했습니다. 책 속 한 장면을 함께 읽고 물었습니다. "이 책의 내용을 다 안다고 생각해도 괜찮아. 그런데 이 장면에서 왜 소년이 울었을까?" R은 잠시 고민하더니 대답했습니다. "제가 만약 그 나이라면…, 억울하고 무섭고 두려웠을 것 같아요." 그러면서 아이는 처음으로 제게 이런 말을 했습니다. "솔직히 전에 읽은 책이랑 비슷한데 결말은 좀 다르네요"라고 말입니다. 책을 많이 읽는 것보다 한 권을 읽더라도 아이 안에서 오래 머무는 일이 중요했기 때문입니다.

📖 '다 아는 이야기인데요형'의 문해력 특성

- 책을 많이 읽지만 깊이 읽지는 않는다.
- "뻔한 이야기예요" 식의 시큰둥한 반응이 많다.
- 책을 새로운 해석의 대상으로 보지 않고, 보는 것으로만 소비한다.
- 비판적 읽기나 연결, 추론적 사고가 미흡하다.

📖 '다 아는 이야기인데요 형'을 위한 독서법: 사고 독서법

"솔직히 우리 애 성적은 늘 상위권이었어요. 학교 공부는 걱정한 적도 별로 없고 책도 정말 많이 읽어요. 도서관도 매주 가고요. 학부모 상담을 하다 보면 나름 독서 좀 하는 아이의 부모들이 공통적으로 하는 말입니다. 하지만 안타깝게도 많은 부모들은 정작 그 책에서 무엇을 느꼈는지, 무슨 생각을 했는지 묻는 일에는 무심합니다. 아이의 부모는 아이가 읽은 책 리스트나 책 제목만 보고 독서량에 만족하기 쉽습니다. 그 과정이 반복될수록 아이는 이야기를 해석하지 않고 훑어보기로 끝냅니다. 의미 있는 경험이 아니라 익숙한 소비의 대상으로만 여기는 것입니다. 이때 줄거리를 말했다는 이유로 잘 읽는 아이라고 오해하기 딱 좋습니다. 하지만 책 읽는 습관보다 중요한 것은 생각을 나누는 활동이라는 점을 명심해야 합니다.

사고 독서는 느리게 하는 것이 정답입니다. 읽는 양보다 생각의 깊이를 따져 물어보아야 합니다. 10분 아니 5분도 좋습니다. 책에 대한 아이의 사고를 나누는 시간이 필요합니다. 이때 단순한 감상보다는 의문을 유도하는 질문을 던져보아야 합니다. "이 책 어땠어?"라는 질문이 아닌 "이 부분 이상하지 않아?"는 짧게나마 아이의 생각을 잡아두기에 좋습니다. 책 속의 세계를 감상만 하지 말고 참견하게 만드는 것입니다. 다 아는 이야기일지라도 아이 안의 생각은 언제든지 새로워질 수 있습니다.

그런 의미에서 다독이 장점인 아이를 위해 책과 책을 비교하는 사고 독서를 이어갔습니다. 〈시간을 파는 상점〉(김선영)과 〈체리새우: 비밀글입니다〉(황영미)는 모두 '왕따' 혹은 '학교에서의 소외'를 다룬 청소년 소설입니다. 하지만 두 주인공이 세상과 자신을 마주하는 방식은 확연히 다릅니다. 〈시간을 파는 상점〉의 주인공 온조는 자신의 시간을 파는 일을 하며 사람들의 고민을 들어주는 과정을 통해 타인의 마음에 다가갑니다. 겉으론 덤덤해 보여도 그 안엔 묵묵히 세상을 관찰하고 공감하려는 태도가 녹아 있습니다.

반면에 〈체리새우: 비밀글입니다〉의 주인공 다현은, 블로그에 남모르게 '비밀글'을 쓰며 자신을 지켜냅니다. 말로 표현하지 못한 감정들을 글로 풀어내고, 글을 통해 스스로를 다잡고 회복해 나갑니다.

저는 아이에게 두 책을 함께 읽힌 후 이렇게 물었습니다. "온조처럼 다른 사람의 마음에 조용히 다가가는 방식과, 다현처럼 자기 안의 감정을 글로 정리해 나가는 방식 중에, 너는 어떤 쪽이 더 너와 닮았다고 느껴져?" 아이는 빠른 대답 대신 깊은 고민을 하기 시작했습니다. "두 사람은 감정을 어떻게 표현했을까? 말 대신 선택한 방식은 두 아이들에게 어떤 의미였을까?" 저의 질문 위로 아이의 대답이 얹어지니 진짜 북토킹이 이어졌습니다. 비슷한 주제를 가진 이야기라도, 인물의 선택과 표현 방식은 다릅니다. 그 차이를 발견하고, 자신의 삶과 연결해보는 것. 그게 바로 진짜 독서의 시작이었습니다.

'다 아는 이야기인데요 형'을 위한 추천 도서 리스트

📖 **도서명** 천개의 파랑

✏️ **작가/출판사** 천선란/허블

👆 **추천 포인트** 로봇과 인간이 공존하는 미래를 그린 책으로 과학, 윤리, 철학에
대한 이야기가 가능하다.

📖 **도서명** 위저드 베이커리

✏️ **작가/출판사** 구병모/창비

👆 **추천 포인트** 판타지 속에 가족, 사회 문제가 담겨 있어 문학적 감수성을 강
화할 수 있다.

📖 **도서명** 율의 시선

✏️ **작가/출판사** 김민서/창비

👆 **추천 포인트** 타인과 눈맞춤이 불가한 15살 학생이 주인공으로 아이들의 고민
과 공감, 감동까지 끌어낼 수 있다.

📖 **도서명** 중학생을 위한 한국 수필 베스트 50

✏️ **작가/출판사** 장영희 외/리베르스쿨

👆 **추천 포인트** 짧은 글 속에서도 '생각해보세요' 부분을 통해 자신의 생각을 정
리하는 힘을 기를 수 있다.

무조건 외우는 줄 아는 형
– 문해력 금쪽이 유형 9

글을 읽고 이해하려 하지 않습니다. 암기하고 재현하는 것이 정답이라고 믿습니다. 이 아이에게 필요한 건 기억력이 아니라 '해석력'입니다.

📖 초등 6학년 T의 경우

"이거 전에 엄마가 이렇게 외우랬어요." T는 독해 문제집에 나오는 지문은 물론 책도 빠르게 읽는 아이였습니다. 그 후 책의 내용을 요약해보라고 하자, 책과는 전혀 다른 이야기를 술술 말하기 시작했습니다. "그건 그냥 외우는 거예요. 이렇게 외우면 돼요." 그러면서 도식처럼 배운 내용을 줄줄 읊는 것이 읊는 것입니다. 하지만 토론을 이어가거나 질문을 바꾸면 말하기를 멈췄습니다. "그럼 이 인물은 왜 그랬을까?", "…그건 안 나왔는데요?" T에게 독서는 지식의 습득이나 암기의 도구 그 이상도 이하도 아니었던 것입니다.

그래서 방식을 바꿨습니다. T와 함께 글을 다 읽은 후 '느낀 점이나 궁금한 점 한 가지'를 말해보는 활동을 시작했습니다. 요약도, 정리도, 정답도 아닌 질문을 스스로 만드는 독서를 반복하면서 T는 처음으로 글 속 인물에 대해 자기 생각을 말하기 시작했습니다. 처음에는

"잘 모르겠어요"라고 하던 아이의 입에서 "그럼 네가 제일 이상하게 느낀 장면은?"이라는 질문에는 말도 안 되는 새로운 해석이 나오기 시작했습니다. 어느새 우리는 함께 등장인물의 행동을 따라 말해보고, 그 이유를 서로 추측해보는 대화를 반복하고 있었습니다. 비록 그 말은 정답이 아니었지만, 생각이 담긴 의미 있는 해석이었습니다. 누군가가 정해놓은 설명을 외운 것이 아니라 글을 읽고 자기의 생각을 연결한다는 것. 아이는 아이 만의 '아하' 포인트를 경험했습니다. 그것은 단순히 책을 읽는 것을 넘어 글과 나를 연결짓는 첫걸음이었습니다.

📖 '무조건 외우는 줄 아는 형'의 문해력 특성

- 독서나 과제를 대할 때 지식 암기 위주로 접근한다.
- 중심 문장, 요점, 주제 찾기 활동을 기계적으로 한다.
- 추론 문제, 응용형 질문에 취약하다.
- 스스로 생각하는 활동을 부담스러워하고 감정을 드러내기 꺼린다.

📖 '무조건 외우는 줄 아는형'을 위한 독서법: 자유 해석 독서법

'무조건 외우는 줄 아는형'의 아이를 둔 부모는 아이의 독서 활동지를 마치 시험지처럼 바라보는 경우가 많습니다. 독서록을 읽고 줄거리를 정확히 적었는지 확인하고, 책 속 정보가 누락되었는지 체크하며, 중요한 내용은 외우도록 지시합니다. 마치 시험에 대비하듯 책을 읽히는 것입니다. 이 과정이 반복될수록 아이는 책을 그저 암기의 대상으로 받아들이게 됩니다.

하지만 이 아이들에게 진짜 필요한 건 정답 독서가 아니라 생각하는 독서입니다. 이제부터는 채점 대신 질문을 건네보면 어떨까요?. "이 장면을 다른 사람은 어떻게 느꼈을까? 너라면 이 이야기를 어떻게 끝냈을까?"처럼 정답이 없는 질문이 훨씬 더 가치 있습니다. 실수해도 혼나지 않는 질문, 답이 달라도 괜찮은 질문, 황당할수록 좋은 질문을 함께 주고받는 훈련이야말로 정답에 사로잡힌 아이의 사고력과 해석 능력을 키워주는 열쇠입니다.

또한 책 속의 이야기를 다양한 형식으로 표현해보는 것도 좋은 방법입니다. 같은 내용을 광고문으로 바꿔보거나, 주인공에게 보내는 편지를 써보거나, 이야기의 뒷이야기를 일기로 써보도록 합니다. 장르와 형식이 달라지면 아이의 관점도 바뀝니다. 글을 쓰기까지 시간이 걸린다면 책을 읽기 전 "이걸로 어떤 글을 써보면 재미있을까?"를 먼저 상상하게 해주는 것만으로도 읽는 태도에 변화가 생길 것입니다.

이 같은 방식은 아이 스스로 이야기를 다시 만들어내는 힘을 길러줍니다. 외운 내용을 반복하는 독서가 아니라 자신만의 시선으로 해석하고 표현하는 독서로 가는 첫걸음이 됩니다. 틀리지 않는 독서가 아니라 자유롭게 해석하는 독서. 정답은 잊고 이야기에 푹 빠지게 하는 독서. 그 매일이 합해지면 아이의 생각은 처음으로 글로 나타나게 될 것입니다.

'무조건 외우는 줄 아는형'을 위한 추천 도서 리스트

📖 **도서명** 소녀의 마음

✏️ **작가/출판사** 하이타니 겐지로/양철북

☝ **추천 포인트** 뚜렷한 메시지를 담고 있지만 왜 그런 행동을 했는지에 대한 고민을 담고 있다.

📖 **도서명** 무너진 아파트의 아이들

✏️ **작가/출판사** 정명섭/리틀씨앤톡

☝ **추천 포인트** 동네에 갑자기 생긴 대정전에 대처하는 아이들의 이야기를 담고 있다.

📖 **도서명** 감당 못 할 전학생

✏️ **작가/출판사** 심순/마음 이음

☝ **추천 포인트** 외국에서 살다가 전학 온 학생과 점차 친구가 되어 가는 아이들의 심리적 변화와 학교에서 벌어지는 상황 덕에 이야기 자체에 몰입하기 좋다.

📖 **도서명** 어느 날 우리 반에 공룡이 전학 왔다

✏️ **작가/출판사** 서지원/길벗스쿨

☝ **추천 포인트** 판타지적 상황을 통해 공동체의 문제를 해석하도록 한다.

'이게 뭔 말이에요형'
– 문해력 금쪽이 유형 10

글을 다 읽었다고는 하는데, 내용을 물으면 "모르겠어요"라고 합니다. 이 아이에게 필요한 건 '줄거리 요약'이 아니라 '어휘력 기반의 문장 해석력'입니다.

📖 중학교 1학년 V의 경우

"이 글은 그냥 어려웠어요." 중학교 1학년 4월에 저를 찾아온 V는 착실하고 성실한 아이였습니다. 초등학교 때까지는 큰 어려움 없이 교과서를 따라갔고, 받아쓰기와 독서록도 꼼꼼히 잘 해내는 편이라고 했습니다. 학교 시험에서 전혀 문제 될 것이 없었기에, 부모도 아이가 국어를 잘하고 있다고 생각했습니다. 그런데 중학교에 입학하자마자, 첫 번째 국어 단원에서부터 혼란이 시작됐습니다. '직유', '은유', '화자', '서정적', '시점', '역설' 같은 문학 개념어가 본격적으로 등장했고, 비문학에서는 '주장과 근거', '자료 해석', '정보 간의 관계' 같은 낯선 구조가 나타나기 시작했습니다.

초등 국어가 일상어 중심의 감상 독서였다면, 중학 국어는 개념어 중심의 분석 독서로 바뀝니다. 아이는 여전히 글을 읽고 있지만, 이제는 느낀 점만으로는 부족합니다. 글쓴이의 의도, 중심 문장의 역할, 개념어의 의미를 파악하고, 그것이 어떻게 문단 전체와 연결되는지 해석해야 합니다. 즉 읽은 후 이해가 아니라, 읽는 도중 해석이 필요해집니다.

안타깝게도 V는 이 변화에 제대로 대비되지 않은 채 중학 국어의 세계에 들어서고 말았습니다. 수업 중 "이 문장에서 '역설적'이라는 말, 무슨 뜻일까?"라고 물으면 대답을 못 했고, "'풍자'는 칭찬일까, 비판일까?"라는 질문에도 고개만 갸웃거렸습니다. 글을 끝까지 읽었지만, 중요한 단어나 표현의 의미가 모호하니 문장 전체를 뿌옇게 느꼈습니다. 뭔가를 읽긴 했지만, 무슨 말인지는 모르는 상태였습니다. 비문학 독해집도 마찬가지였습니다. 밑줄 친 문장의 의미를 물으면 "그냥 그런 느낌이었던 것 같아요…"라고 얼버무렸습니다. 신문을 읽고 요약하는 활동에서도 핵심 문장이 눈에 들어오지 않았고, 국어 어휘 시험에서도 "처음 보는 말이 너무 많다"며 손을 놓기 일쑤였습니다.

엄마의 고민은 점점 깊어졌습니다. "저희 아이는 도대체 뭐부터 시작해야 할까요?" 문제는 단어를 모른다는 것보다, 문장 구조와 개념어를 동시에 처리하는 능력 자체가 생략된 채 중학교에 올라왔다는 데 있었습니다. 단어도 문장도, 읽은 글이 전부 '이게 뭔 말이지?'로 이어지는, 말 그대로 총체적 난국이었습니다.

📖 '이게 뭔 말이에요형'의 문해력 특성

- 단어는 알고 있는 듯 보이지만 문장 속에서의 맥락을 이해하지 못한다.
- 글을 읽는 행위는 꾸준히 하지만 핵심과 방향을 짚어내지 못한다.
- 지문에 나오는 정보 사이의 관계를 파악하지 못하고 단편적인 단어에만 주목한다.
- 개념어, 추상어, 비유적인 표현에 취약해 설명문이나 논설문 독해를 어려워한다.

📖 '이게 뭔 말이에요형'을 위한 독서법: 문장 단위 독서법

'이게 뭔 말이에요형' 아이들의 독서 후 첫마디는 한결같습니다. 글은 읽었는데 무슨 말인지 잘 모르겠어요. 그 이유는 단어를 몰라서가 아닙니다. 한 마디로 문장 안에서 단어가 어떤 역할을 하는지 느끼지 못하기 때문입니다. 단어 자체에만 집중하다 보면 문장의 뼈대, 연결, 미묘한 뉘앙스를 따라가는 힘이 모자랍니다. 예를 들어, "이 문장에서 가장 중요한 단어는 뭐야? 만약 이 단어를 빼면 문장이 어떻게 달라질까?"와 같은 질문을 던지며 문장 구조 감각을 키워야 합니다.

그래서 이 유형의 아이들과 '한 문장, 한 문단 독서'를 시작했습니다. 한 문장씩 읽고 밑줄을 치거나 핵심어를 표시했습니다. 이어서 문단별로 읽으며 직접 문단 제목을 만들어보게 했습니다. 또한 짧은 글 한 편을 읽은 후, "이 글은 이런 뜻이야"라고 말로 설명하게 한 뒤, 간단한 문장으로 다시 글로 적어보게 했습니다. 이 과정에서 글 속에서 그래서, 그러나, 하지만, 그러므로와 같은 연결어를 찾아 앞뒤 문장의 논리 관계를 해석하는 연습도 병행했습니다. 다 읽고 난 후에는 이야기의 구조를 도식화하거나 인물 관계도를 그려보는 활동으로 확장했습니다.

처음엔 아이도 의아해했습니다. "이거 당장 시험에 나오는 것도 아닌데요?" 하지만 며칠 후부터는 속도가 붙기 시작했습니다. 자신의 말로 문단을 정리하고, 글의 짜임을 유추하고, 인과 관계를 읽어내는 힘이 생겨났습니다. 그제야 확실히 느낄 수 있었습니다. 어휘 문제집을 외우는 것보다 한 문장을 오래 붙잡고 생각하는 독서가 이 아이에게는 훨씬 더 필요했던 것임을 말입니다.

'이게 뭔 말이에요형'의 아이들을 위한 독서에는 국어 개념어 연결 활동도 효과적입니다. 예를 들어 "이 문장에서 역설적인 표현은 뭐야?"라고 물으며 국어 개념어 사전을 찾아보게 하거나. "이 문장에서 비유된 표현이 있다면 어디일까?"라는 질문을 통해 '은유'는 무엇이며 '무엇을 무엇에 빗댔는지'를 직접 말하게 하는 것도 좋습니다. 이 같은 활동은 추상적인 개념어가 실제 문장에서 어떻게 작동하는지를 체득할 수 있게 해 줍니다.

'이게 뭔 말이에요형'을 위한 추천 도서 리스트

📗 **도서명** 어느 날 구두에게 생긴 일

✏️ **작가/출판사** 황선미/비룡소

👉 **추천 포인트** 주인공 구두의 심리 변화와 복잡한 감정선을 따라가야 진짜 내
용을 이해할 수 있다.

📗 **도서명** 아몬드

✏️ **작가/출판사** 손원평/다즐링

👉 **추천 포인트** 감정을 느끼지 못하는 인물을 따라가며 감정 어휘를 배울 수 있다.

📗 **도서명** 세금 내는 아이들

✏️ **작가/출판사** 옥효진/한경키즈

👉 **추천 포인트** 세금의 개념을 이야기와 체험을 통해 자연스럽게 익힐 수 있게
해주는 경제 교육 동화이다.

📗 **도서명** 천개산 패밀리 시리즈

✏️ **작가/출판사** 박현숙/독서주니어

👉 **추천 포인트** 생존이라는 위기 속에 동물들이 서로 연대하며 살아가는 과정
을 그린 책으로 비밀, 복선, 반전 등을 추리하며 찾아내는 재미
가 있다.

📗 **도서명** 나는 말하듯이 쓴다

✏️ **작가/출판사** 강원국/위즈덤하우스

👉 **추천 포인트** 일상 언어를 통해 문장의 뉘앙스를 키울 수 있다.

3장

어쩌다 인생에서 가장 유용한 기술이 된 글쓰기

아이들은 여전히 책을 펼치지만,

막상 글로 표현하라고 하면 손이 멈춥니다.

읽기와 쓰기가 분리된 채로 남아 있을 때,

배움은 이해의 문턱에서 자주 미끄러집니다.

그러나 기록이 곧 평가가 되는 시대,

우리는 말보다 글로 판단 받습니다.

한 문장이 신뢰를 만들고, 한 문장이 기회를 엽니다.

글쓰기는 특정 과목의 기술이 아니라,

세상을 해석하고 자신을 증명하는 방식입니다.

대한민국 학생들의 글쓰기 성적표

"책은 읽었는데, 뭐라고 써야 할지 모르겠어요."
"세 줄 이상은 못 쓰겠어요."
"말로는 되는데, 글로 쓰라니까 막혀요."

글쓰기 수업 첫 시간에 교실에서 흔히 듣는 아이들의 고백입니다. 원고지 앞에 앉은 채 연필만 굴리거나, 억지로 적은 두세 줄이 전부인 아이들을 보는 것은 낯선 일이 아닙니다. 그 사이 애꿎은 지우개만 닳아 갑니다. 줄거리는 장황하게 적어내면서도 자기 생각은 단 한 줄도 붙이지 못하는 경우가 대부분입니다. 어떤 아이는 맞춤법을 틀릴까 두려워 한 글자도 쓰지 못하고, 또 어떤 아이는 틀린 글로 낙인찍힐까 손이 얼어붙습니다. 이들에게 글쓰기는 창조의 과정이 아니라 검사받는 과목, 숙제처럼 빨리 끝내야 하는 일로 자리 잡고 있습니다.

이처럼 글쓰기를 힘들어하는 현실은 개인 차원의 문제가 아니라 구조적 문제입니다. 한국교육개발원의 학업 성취도 평가에 따르면 중·고등학생의 30% 이상이 "자신의 생각을 글로 정리하지 못한다"고 응답했습니다.

학원 현장 또한 크게 다르지 않습니다. 한 초등 고학년 학생은 "독후감 쓰려고 책을 읽는다. 그런데 쓰고 나면 다 까먹는다"고 말했습니다. 그 아이에게 독서는 더 이상 감상의 경험이 아니라, 줄거리·등장

인물·주제·느낀 점 네 칸을 채우기 위한 의무였습니다. 이런 맥락에서 대한민국 학생들의 글쓰기 성적표는 곧 '문해력 성적표'입니다. 읽기가 깊어지지 않으면 쓰기가 막히고, 쓰기 경험이 부족하면 다시 읽기의 동기도 꺾입니다. 그 악순환 속에서 아이들은 점점 더 글쓰기를 두려워하며, 성인이 되어서도 보고서, 자기소개서, 기획서를 앞에 두고 같은 막막함을 반복합니다.

세계 최고의 대학들은 공통적으로 글쓰기를 지적 성장과 리더십의 핵심 능력으로 봅니다. 단순히 문장을 잘 다듬는 기술이 아니라, 생각을 정리하고 논리를 세우고 타인을 설득하는 훈련의 출발점이기 때문입니다. 서울대학교도, 하버드대학교도 신입생들에게 글쓰기 수업을 필수로 둡니다. 하버드의 논증적 글쓰기 프로그램(Expository Writing Program)은 무려 150년 역사를 자랑합니다. 졸업하는 데까지 쓰는 글의 종이 무게만 따져도 무려 50킬로그램으로 전공이 다른 교수들이 직접 지도하며, 단순히 문장을 잘 쓰는 법을 넘어 논리적으로 생각을 전개하고, 타인을 설득하는 힘을 훈련합니다.

송숙희 작가의 〈150년 하버드 글쓰기 비법〉에 따르면 실제로 하버드 졸업생 1,600명에게 "대학 시절 가장 도움이 된 수업이 무엇이었나요?"라고 물었을 때, 90% 이상이 글쓰기 수업을 꼽았다고 나옵니다. 이유는 분명합니다. 글을 쓰면 생각이 정리되고, 생각이 깊어지면 설득력이 생기기 때문입니다.

하버드만이 아닙니다. MIT, 프린스턴, 예일, 브라운, 듀크대 등 세계 최상위 대학은 신입생 시절부터 글쓰기 과목을 의무로 둡니다. 이들은 전공별 특성에 맞춘 학술 글쓰기와 실용 글쓰기를 모두 훈련합니다. 공학 전공 학생이든, 인문학 전공 학생이든 글쓰기 교육을 통해 연구를 설명하고, 투자자를 설득하며, 사회와 소통하는 능력을 갖추도록 돕습니다. 특히 MIT의 'Writing Across the Curriculum' 프로그램은 모든 전공 수업에 글쓰기 과제를 포함시켜, 글쓰기를 학문과 실생활을 잇는 다리로 삼습니다. 과학 보고서, 프로젝트 제안서, 심지어 로봇 개발 일지까지 글쓰기 훈련의 일부입니다.

AI와 빅데이터 시대, 정보는 넘쳐납니다. 검색만으로도 필요한 자료는 누구나 얻을 수 있습니다. 그러나 그 자료를 엮어내고, 나만의 시선으로 재해석하며, 설득력 있는 언어로 전달하는 능력은 여전히 오직 인간에게 주어진 영역입니다. 기계가 대신할 수 없는 창의적 사고와 설득의 힘, 바로 글쓰기에서 비롯됩니다. 오늘날 짧은 글 하나가 사람의 신뢰를 결정합니다. 대학 입시의 자기소개서, 취업 면접의 에세이, 직장의 보고서와 제안서, 심지어 SNS에 남긴 한 줄까지. 기록이 남는 시대에는 말보다 글이 사람을 규정합니다. 한 문장으로 기회를 얻기도 하고, 한 문장으로 문을 닫기도 합니다.

결국 글쓰기는 시험을 위한 도구가 아닙니다. 아이가 자기 생각을 세상에 전하는 힘, 성인이 사회에서 영향력을 발휘하는 힘, 리더가 사람들을 움직이는 힘이 됩니다. 20여 년 동안 글로 밥벌이를 해 온 저역시 글쓰기는 여전히 어렵습니다. 하지만 동시에, 글쓰기는 가장 유용한 기술이자 포기할 수 없는 훈련입니다. 왜냐하면 글쓰기는 단순한 문장 기술이 아니라 읽고 이해한 것을 구조화하고, 자기 언어로 재

탄생시키는 사고의 과정이기 때문입니다.

이러한 세계적 흐름과 달리, 대한민국의 현실은 녹록지 않습니다. OECD가 발표한 2022−23년 국제성인역량조사(PIAAC)에 따르면, 한국은 문해력·수리력·문제해결력 전 영역에서 OECD 평균에 미치지 못했습니다. 특히 문해력의 경우 충격적인 수치가 드러났습니다. 전체 성인의 31%가 Level 1 이하, 즉 짧고 단순한 글조차 읽고 핵심 정보를 찾기 어려운 수준에 머물렀습니다. 반대로 복잡한 정보를 분석·구조화할 수 있는 최상위 수준(Level 4−5)에 속한 사람은 6%에 불과했습니다. 이는 OECD 평균의 절반 수준에 그칩니다.

문해력, 수리력, 적응적 문제해결능력 평균 점수

국가	문해력	수리력	적응적 문제해결능력
핀란드	296	294	276
일본	289	291	276
스웨덴	284	285	273
노르웨이	281	285	271
네덜란드	279	284	265
한국	249	253	238

▲ 자료: OECD 국제성인역량조사(PIAAC)

수치가 말해주듯, 한국은 선진국은 물론이고 OECD 평균에서도 크게 뒤처졌습니다. 이는 단순히 '책을 덜 읽는다'는 차원을 넘어, 사회 전반이 읽고 쓰는 힘을 기초부터 놓치고 있다는 경고입니다. 이 같은 문제는 직장인들에게서도 드러납니다. 국내 한 조사에 따르면 직장인의 절반 이상이 "보고서나 기획서를 작성할 때 큰 부담을 느낀다"고 답했습니다. 핵심을 간단히 정리하는 능력, 데이터를 설명하는 능력, 상대를 설득하는 능력이 모두 글쓰기를 통해 발휘되는데, 실제 현장에서는 '시간은 오래 걸리지만 내용은 산만하다'는 평가가 반복됩니다. 결국 학교 시절의 글쓰기 부족이 사회적 역량 저하로 이어지고 있는 것입니다.

청소년 세대로 내려가면 상황은 더욱 뚜렷합니다. 한국교원대 국어교육과가 2022년에 발표한 조사에 따르면, 중학교 3학년 학생의 문해력 수준은 상위권 33.1%, 중간권 30.3%, 하위권 11.3%로 나타났습니다. 표면적으로는 절반 이상이 어느 정도 읽고 쓸 수 있는 것처럼 보이지만, 실제 수업 현장에서는 기초 읽기와 이해 능력이 불안정한 학생 비율이 상당합니다.

PISA(국제 학업성취도 평가) 역시 비슷한 경고음을 냈습니다. 한국 고등학생의 독해력 상위 비율은 2019년 77.5%에서 2023년 52.1%로 급락했습니다. 단 4년 만에 25%포인트 이상 떨어진 것입니다. '책을 읽고 내용을 이해한다'는 수준은 절반을 넘지만, 상위 수준의 깊이 있는 읽기, 즉 텍스트를 분석하고 자신의 언어로 재구성하는 능력은 빠르게 떨어지고 있습니다.

교과별 '3수준 이상' 비율(%)

구분	중3			고2		
연도	국어	수학	영어	국어	수학	영어
2021	74.4(0.79)	55.6(1.05)	64.3(1.01)	64.3(1.23)	63.1(1.32)	74.5(1.17)
2022	63.4(1.02)	49.7(1.01)	55.9(1.11)	54.0(1.37)	55.2(1.55)	66.3(1.45)
2023	61.2(0.96)	49.0(0.93)	62.9(0.89)	52.1(1.33)	55.9(1.50)	70.4(1.39)

▲ 학업성취도 '3수준 이상' 비율 변화(2021~2023, 한국교원대 국어교육과 조사)

중학교에서 이미 기초 문해력 격차가 드러나고, 고등학교에 올라가면서 그 격차는 더 크게 벌어집니다. 특히 '자기 생각을 글로 조직하는 능력'은 상위권과 하위권을 나누는 뚜렷한 경계선이 됩니다. 이 흐름은 아이들이 가장 자주 하는 말에서도 확인됩니다.

"무엇을 써야 할지 모르겠다."

"줄거리는 알겠는데, 내 생각은 없다."

"쓰려니까 막막하다."

문해력과 글쓰기 부담 진단 요약

대상	문해력 수준 및 특징	시사점
성인	전체의 31%가 읽기 초보 수준, 최상위 6% 불과	글쓰기에 필요한 읽기 기반이 약함
고등학생	상위 문해력 비율 77.5%→52.1% 하락	깊이 있는 사고 전개와 구조화 능력 부족
중학생	상위 33.1%, 하위 11.3%로 분포	기초 읽기, 이해 능력 불안정, 글쓰기 재료 부족

아이들이 입을 모아 하는 이 말들은 단순한 하소연이 아닙니다. 문해력 기반이 약하면 글쓰기가 어렵고, 글쓰기가 어렵다는 부담은 시도를 줄이며, 시도가 줄어들면 다시 역량이 떨어지는 악순환을 그대로 보여줍니다. 결국 대한민국의 문해력 성적표는 지금도 경고등을 켜고 있습니다. 세계 명문대들이 글쓰기를 리더십과 학문적 성장의 핵심 도구로 삼는 것과 달리, 우리는 이미 출발선에서부터 균열을 안고 달리기 시작했습니다. 이제는 묻지 않을 수 없습니다.

"과연 우리 아이는 자기 생각을 글로 말할 수 있는가?"
"그 글을 통해, 세상과 연결될 준비가 되어 있는가?

중학교 1학년부터 시작되는 글쓰기형 수행평가의 파도

중학교에 입학한 아이들이 가장 먼저 맞닥뜨리는 변화는 바로 수행평가입니다. 그중 한 학기 한 권 읽기와 연계된 글쓰기 수행평가는 대부분의 학교에서 시행되는 보편적인 평가 항목입니다. 이는 단순히 책을 읽고 독서감상문을 쓰던 초등 시절과는 차원이 다릅니다. 논설문, 탐구 보고서, 인터뷰 기사, 기획안 작성 등 주제와 형식은 훨씬 더 넓고 깊어졌습니다.

예를 들어, 과학 시간에는 〈사라진 곤충들〉을 읽고 '도시 생태계 보존을 위한 실험 설계 보고서'를 작성하고, 사회 시간에는 〈총, 균, 쇠〉를 읽고 '문명 발전과 지리적 환경의 관계'를 분석하는 식입니다. 국어 시간에는 책 속의 한 장면을 자신의 경험과 연결해 설득력 있는 칼럼을 쓰도록 요구하기도 합니다. 즉, 글쓰기형 수행평가는 지식 이해에서 해석을 거쳐 글쓰기 표현까지 하나의 완결된 사고 과정을 확인하는 장치입니다.

과목	평가 형식	실제 사례	평가 기준
국어	논설문, 독서감상문, 인터뷰 기사 작성	〈난장이가 쏘아올린 작은 공〉을 읽고 '도시 빈부격차 해소 방안' 논설문 작성	주제 이해도, 논리적 구성, 표현력, 맞춤법·문법
사회	정책 제안서, 비교·분석 보고서	〈총, 균, 쇠〉를 읽고 '문명 발전과 지리적 환경의 관계' 분석 보고서 작성	사실·자료 활용 적절성, 분석의 깊이, 설득력
과학	탐구 보고서, 실험 설계서, 데이터 분석 보고서	〈사라진 곤충들〉을 읽고 '도시 생태계 보존을 위한 실험 설계 보고서' 제출	실험 설계의 창의성·타당성, 과학적 근거, 보고서 구조
기타 (융합자율)	기획안, 프로젝트 제안서, 창작 글쓰기	학교 축제 부스 기획안 작성, 지역 문제 해결 프로젝트 제안서	창의성, 실현 가능성, 구성의 완결성

더 중요한 점은 이 수행평가가 단순히 점수에만 그치지 않는다는 것입니다. 결과는 학생부 세부능력 및 특기사항(세특)에 그대로 기록됩니다. 이는 곧 고등학교 진학 이후 자기소개서와 면접의 기초 자료가 되며, 대학 입시에서 학업 역량과 탐구 성향을 입증하는 결정적 근거가 됩니다. "과학책을 읽고 실험 설계 보고서를 작성했다"는 세특 기록은 해당 학생이 과학적 탐구력과 글쓰기 능력을 동시에 갖추었음을 보여주는 강력한 증거입니다

2022 개정 교육과정은 이를 한 걸음 더 발전시켰습니다. 단순한 지

식 암기를 넘어 '주제 융합형 탐구'와 '실생활 연계 프로젝트'가 강조되면서, 글쓰기 과제도 단순 감상문에서 다학문적 분석, 창의적 제안서, 정책 기획안까지 확장된 것입니다. 이렇게 주제 중심의 수행평가에 뛰어들면 글의 구조를 잡는 것부터 어려움을 겪게 됩니다. 무엇을 써야 할지 모르겠다는 말은 결코 과장이 아닌 셈입니다. 독서와 탐구 경험이 쌓인 학생은 자연스럽게 주제와의 연결점을 찾지만 그렇지 못한 학생은 수행평가를 피하고 싶은 부담으로만 여깁니다. 결국 글쓰기에 강한 학생과 회피하는 학생 사이의 성적 격차는 중학교 1학년 시점부터 급격하게 벌어지게 됩니다.

더불어 최근에는 사전 과제식, 암기형 수행평가가 아닌 수업 시간 내에 사고력과 표현력을 직접 발휘할 수 있도록 하는 형식으로 운영 방식을 바꾸어, 평소에 독서 경험이 부족하거나 깊은 사색을 하지 않은 학생들에게는 오히려 더욱 불리한 구조가 되었습니다. 준비 없는 즉석 글쓰기는 결국 사고력의 빈틈을 그대로 드러내고 맙니다.

따라서 중학교 1학년 때부터 본격적으로 시작되는 글쓰기형 수행평가는 단순한 학교 성적이 아닌 생활기록부의 방향을 결정짓는 분수령이자 고등학교와 대학 입시에서의 경쟁력, 더 나아가 평생의 글쓰기 습관까지 이어지는 출발점입니다. 이제 글쓰기는 단순한 교실 속 과제가 아니라 아이의 사고력 · 표현력 · 진로 역량을 증명하는 언어의 무대가 되었습니다.

초등 교과서에 숨겨진 글쓰기 훈련의 비밀

초등학교 교실은 어떨까요? 겉보기에는 여전히 어제와 다르지 않은 듯 보입니다. 국어가 있고, 수학이 있고, 과학이 있고, 아이들은 교과서와 공책을 펴고 수업을 시작합니다. 그러나 2022년 12월 22일 교육부가 확정·발표한 새 교육과정이 실제 교실에 스며들면서, 배움의 결은 분명히 바뀌었습니다. '미래사회가 요구하는 포용성과 창의성을 갖춘 주도적 인재'를 기르는 것을 목표로, 언어·수리·디지털 기초 소양을 강화하고, 환경·생태교육과 맞춤형 교육을 확대하는 방향으로 체계가 전부 손질됐기 때문입니다. 디지털 전환, 기후 변화, 인구 감소 같은 시대적 과제를 교육 내용과 방법에 반영했고, 이 개정안은 2024년부터 초등 1·2학년에 먼저 적용되어 2025년 초 3·4학년과 중1, 고1로 확대됐습니다. 또한 2026년 초 5·6학년의 교과서 역시 전면 개정되었습니다.

가장 눈에 띄는 변화는 글쓰기 중심 교육의 강화입니다. 초등 국어의 시수는 448시간에서 482시간으로 늘었습니다. 이는 한글 해득을 넘어 문해력과 쓰기 역량을 체계적으로 기르기 위한 시간의 확보입니다. 수업의 흐름도 바뀌었습니다. 과거처럼 '읽기→이해→문제풀이'로 곧장 끝나지 않습니다. 이제는 '읽기→요약·분석→경험 나누기→개요 짜기→글쓰기→발표하기'가 한 사이클로 묶입니다. 텍스트를 깊게 읽고, 생각을 정리해, 자신의 언어로 표현하고, 말로 나누는 훈련이 교과 전반에 깔렸습니다.

저학년의 교과서에는 '내 생각 말하기, 이유 말하기' 활동이 촘촘히 배치되어 아이들이 단어가 아니라 문장으로 대답하도록 이끕니다. 그 한 줄이 문단의 씨앗이 되고, '그림 설명하기→문장 잇기→한 단락 쓰기'로 자연스럽게 확장됩니다. 고학년으로 올라가면 요약문·설명문·논설문·발표문이 명시적 기준과 함께 제시됩니다. 핵심 문장 찾기, 연결어 사용, 근거 제시, 반론 고려 같은 요소가 '채점 항목'이 아니라 사고의 구조로 습관화됩니다. 말로 연습하고(낭독·토의), 그 말을 글로 옮기는 전환 훈련이 매시간 반복됩니다.

바뀐 초등 교과서 1	바뀐 초등 교과서 2

    2부 읽기와 쓰기로 글재주 부리는 아이들

변화는 국어에만 머물지 않습니다. 수학은 정답만 맞히는 과목이 아닙니다. 왜 그 식을 세웠는지, 어떤 조건과 추론을 거쳐 답에 도달했는지를 문장으로 밝히게 합니다. 과학은 관찰 기록과 실험 보고서가 정식 과제입니다. 가설 – 방법 – 결과 – 해석의 틀을 그대로 베끼는 것이 아니라, 표와 그래프를 자기 언어로 설명하도록 요구합니다. 사회에서는 자료를 읽고 쟁점을 비교해 정책 제안으로 이어가게 합니다. 기사와 도표, 인포그래픽을 해석하고, 관점과 근거를 텍스트로 정리하는 것이 수업의 한가운데로 들어왔습니다. 예체능과 실과도 다르지 않습니다. 감상문, 기획안, 사용설명서, 레시피 같은 실용 글쓰기가 생활 맥락 속에서 반복됩니다. 교과의 주제와 형식은 다르지만, 모든 길은 결국 문장으로 모입니다.

교과서의 얼굴도 달라졌습니다. 사진, 도표, 그래프, 지도, 만화 칸, QR로 연결되는 동영상과 기사 등 멀티모달 자료가 풍부해졌습니다. 아이들은 '보는 것'을 '쓰는 것'으로 번역합니다. 영상을 보고 끝내지 않고, 요약 – 의문 – 주장의 세 칸을 채우며 핵심을 추려냅니다. 디지털 자료를 텍스트로 환원하는 이 과정이 곧 디지털 리터러시와 글쓰기가 만나는 지점입니다. 종이 위의 문장을 넘어 멀티미디어 기반의 표현 능력이 학습의 표준이 되었습니다.

평가 역시 결과 중심에서 과정 중심으로 옮겨가고 있습니다. 객관식의 비중은 줄고, 서술형과 논술형 평가가 늘었습니다. 초안 – 피드백 – 수정 – 발표의 사이클 속에서 교사는 결과물만이 아니라 고쳐 쓴 흔적을 봅니다. 포트폴리오형 평가는 한 학기 동안 쓴 글과 말, 생각의 변화를 학생 자신의 기록으로 축적합니다.

평가 항목	뛰어남	보통	개선 필요
내용 이해	주제와 관련된 깊은 생각을 담았다.	주제를 설명했으나 구체성이 부족하다.	주제와 맞지 않거나 내용이 부족하다.
글의 구조	도입 – 전개 – 결론이 자연스럽다.	전개가 다소 어색하다.	구조가 잘 드러나지 않는다.
표현력	문장이 매끄럽고 생생하다.	문장은 이해 가능하다.	문장이 어색하거나 표현이 제한적이다.

교실의 장면을 조금만 들여다보면, 작지만 큰 변화들이 눈에 들어옵니다. 예전에는 '맞았다/틀렸다'만 확인했다면, 이제는 "왜 그렇게 생각했니?", "어떻게 풀었니?"와 같은 질문이 중심이 됩니다. 학생은 단답 대신 문장으로 대답하고, 교사는 그 말을 받아 적어 함께 다듬습니다. 구어체의 표현이 짧은 글로 전환되는 순간, 아이는 자기 생각을 글로 조직하는 경험을 하게 됩니다. 또한 짝 피드백은 일상이 되어, 친구의 눈으로 읽히는 힘을 배우고, 평가지는 점수표가 아니라 루브릭이 되어 자기 글의 구조와 부족한 지점을 스스로 확인하게 합니다. 이 과정에서 교사는 성적을 매기는 심판이 아니라, 성장의 길을 함께 걸어주는 안내자가 되는 것입니다.

이쯤에서 부모의 오해도 바로잡을 필요가 있습니다. '요즘 글쓰기는 필사나 받아쓰기 수준'이라는 말은 절반만 맞습니다. 필사는 목적이 아니라 리듬과 구조를 체득하는 도구입니다. 필사 뒤에는 반드시 자기 문장으로의 전환이 이어져야 합니다. '국어만 잘하면 된다'는 통념도 더는 유효하지 않습니다. 글쓰기는 전 과목의 공용 역량이며, 수학·과학의 서술형과 보고서가 내신의 변별력을 만듭니다. '많이 읽으면 언젠가 쓰게 된다'는 기대 역시 연결 설계가 없으면 공허합니다.

읽고 말하며, 그 말을 글로 옮기는 두 칸 전환이 핵심입니다. 잘 쓴 한 편보다 꾸준히 쌓인 여러 편이 더 큰 힘을 갖기 때문입니다.

2025년은 물론 2026년에 본격 도입된 새 교과서는 이런 변화를 더욱 선명히 보여줬습니다. 요컨대 2022 개정 교육과정과 새 교과서는 글쓰기를 기능이 아닌 모든 배움의 중심에 놓는 교육 혁신의 출발점입니다. 현장은 이 사실을 확인시킵니다. 글쓰기 체력이 있는 아이는 자료를 빨리 읽고, 핵심을 뽑아 구조 있게 씁니다. 수행평가와 발표 과제에서 강점을 보이고, 토론에서도 근거가 있는 말을 합니다. 반대로 글쓰기에 약한 아이는 머릿속에 내용이 있어도 답안에 담아내지 못해 점수를 놓칩니다. 시작은 어렵지 않습니다. 글쓰기를 두려워하는 아이일수록 짧고 명확한 문장부터 쓰게 해야 합니다.

책 한 권을 세 문장으로 요약하기, 오늘 배운 내용을 한 줄로 적기 같은 작은 습관이 문장에서 문단으로, 문단에서 한 편의 글로 자연스럽게 확장됩니다. 초등 시절에 길러진 이 힘이 있으면, 중학교의 글쓰기형 수행평가, 고등학교의 심층 보고서, 성인의 보고서와 자기소개서까지 두려움 없이 마주할 수 있습니다. 어떤 과목, 어떤 문제 앞에서도 오래 버티고 끝까지 풀어낼 힘—그것이 문해력과 글쓰기의 결합이 만든 학습 근력입니다.

이제 가정에서 할 수 있는 일도 분명합니다. '오늘 배운 것 한 줄, 그 이유 한 줄'을 저녁 식탁에서 나누어 보면 좋겠습니다. 학교의 '말→글 전환' 흐름이 집에서도 이어집니다. 짧고 꾸준한 루틴이 아이의 공부 전체를 바꿉니다. 이처럼 초등의 교실은 겉모습은 익숙하지만, 속은 이미 '쓰기 공방'으로 변하고 있습니다. 작은 설계가 큰 차이를 만듭니다.

4장

글쓰기 금쪽이 엄마들의 상담 노트

무엇보다 중요한 것은 함께 쓰는 경험입니다.

아이가 다 쓴 뒤 빨간 펜으로만 만나는 첨삭은

종종 자책을 남깁니다.

반면 책상 위에서 두 개의 연필이 교차하는 순간,

문장은 눈앞에서 자라납니다.

한 글자, 한 어절, 한 문장을 함께 덧대다 보면

아이는 알게 됩니다.

글쓰기는 틀리고 고치는 일이 아니라,

고치며 완성되는 과정이라는 것을.

그래서 아이는 '틀렸구나'가 아니라

'더 좋아졌구나'를 배웁니다.

📖 **엄마 상담 노트: 독서 감상문 금쪽이**

엄마: 우리 아이는 책을 읽고도 "쓸 말이 없다"고만 해요. 독후감은 줄거리만 길어요.

글재주 선생님: 많은 아이들이 독후감을 요약문으로 착각해요. 독후감의 핵심은 책과 아이 삶을 연결하는 거예요. 연결만 되면 문장은 금방 살아나요.

엄마: 그래도 공통점을 찾지 못하고 "아무 생각이 안 난다"고 버티면요?

글재주 선생님: 질문을 바꾸세요. "가장 기억에 남는 장면 한 컷만 골라보자." 그다음 그 한 컷을 붙잡고 "너였다면?", "그때 기분은?"을 묻고, 아이가 말로 한 한 줄을 곧장 글로 옮기면 시작이 열립니다.

📖 **한 줄 질문 & 한 줄 답변**

Q. 시작을 못 하고 연필만 굴려요.

A. 필사 한 문단+내 말 한 줄로 문을 여세요.

Q. 주인공 마음을 이해 못 해요.

A. "내가 주인공이라면?" 인터뷰로 감정을 바꿔 말하게 하세요.

Q. 표현이 "예쁘다/슬펐다"로만 돌아요.

A. 금지어 놀이로 비유 · 오감 표현을 찾게 하세요.

Q. 독후감이 늘 "재미있었다"로 끝나요.

A. 끝에 "왜?" 한 단어를 붙여 이유 한 문장을 쓰게 하세요.

Q. 분량이 걱정돼요.

A. 장면 한 줄―느낌 한 줄―왜 한 줄 세 줄이면 하루 분량 충분합니다.

Q. 책과 내 삶이 안 이어져요.

A. "책 한 컷+내 경험 한 컷" 짝짓기로 연결하세요.

Q. 인터넷 글을 베끼려 해요.

A. 참고는 허용하되 내 경험 한 줄을 반드시 덧붙입니다.

📖 엄마를 위한 글재주 처방전(3+1 법칙)

3+1 문장법칙은 아이가 책을 읽고도 "쓸 말이 없다"고 할 때 가장 간단하고 효과적인 방법입니다. 먼저 책 속 장면 한 줄을 고르게 합니다. 이어서 그 장면을 보고 든 느낌 한 줄을 적습니다. 그다음에는 왜 그런 생각이나 감정을 가졌는지 이유 한 줄을 붙입니다. 마지막으로 내 경험이나 생각, 혹은 추천 이유와 같은 연결 한 줄을 덧붙이면 됩니다. 이렇게 네 문장만 적어도 독후감의 뼈대가 갖추어지고, 줄거리 요약이 아니라 아이의 삶과 책을 연결하는 글이 완성됩니다.

"주장은 있지만 근거가 빈약해요"
– 논설문 금쪽이 엄마 유형

📖 엄마 상담 노트: 논설문 금쪽이

엄마: 우리 아이는 논설문만 나오면 멈춰요. 서론·본론·결론은 아는데, 정작 "뭘 주장해야 하지?"에서 막혀요.

글재주 선생님: 주제를 너무 크게 잡아서 그래요. 아이 생활 속 주제로 내려오면 갑자기 쉬워져요. "급식시간 10분 연장", "교내 휴대폰 사용 제한", "교실에 간식 시간 도입"처럼요.

엄마: 첫 문장을 못 써서 종이를 구겨요.

글재주 선생님: 고정 시작문을 주세요. "나는 ○○에 찬성/반대한다." 시작만 열어주면 나머지는 근거 채우기로 흘러가요.

엄마: 아이가 "틀리면 어쩌죠?"라고 두려워해요.

글재주 선생님: 논설문엔 정답이 아니라 설득이 있어요. 상대 관점을 요약해 공정하게 소개하고, 그다음 내 근거로 설득하면 충분해요.

Q. 자료 찾기에만 매달려요.

A. 먼저 내 경험으로 근거 1개를 확보한 뒤, 필요한 최소 자료만 보태세요.

Q. 문장 톤이 공격적이에요.

A. 상대 주장을 공정 요약한 다음 "하지만 나는…"으로 태도를 낮춰 설득하게 하세요.

Q. 문장이 길고 산만해요.

A. 한 문장에 한 주장만. 접속사가 두 번 이상이면 둘로 나눕니다.

Q. 반대 의견을 무서워해요.

A. "맞아, 그 점은 있어. 하지만…"으로 재반박을 붙이게 하세요.

Q. 분량 스트레스를 받아요.

A. 처음은 3줄 논설문, 익숙해지면 5단(주장 – 근거×2~3 – 반대 – 재반박 – 결론)로 확장합니다.

Q. 결론이 맥없이 끝나요.

A. "그러므로 우리는 ○○해야 한다"로 다시 주장에 되돌아가 닫으세요.

📖 **엄마를 위한 글재주 처방전(3팩트 법칙)**

논설문은 감상이 아니라 설득입니다. 집에서는 복잡한 틀 대신 짧은 훈련 루틴으로 아이를 도와주면 됩니다. 먼저 아이 생활 속에서 가까운 주제를 하나 고르게 하세요. "급식 시간 10분 연장"처럼 일상적인 것이 좋습니다. 그다음에는 고정된 시작문으로 문을 열어줍니다. "나는 ○○에 찬성한다", 혹은 "나는 ○○에 반대한다"처럼 간단히 주장부터 세우게 하는 겁니다. 이제 그 주장을 받쳐 줄 3팩트를 채워 넣습니다. 사실 하나, 내 경험 하나, 주변의 사례 하나, 이렇게 세 가지 근거만 붙여도 글의 뼈대는 단단해집니다. 이어서 반대 의견을 한 줄로 공정하게 요약하게 하고, 곧바로 "하지만…"을 붙여 재반박을 달게 하세요. 마지막은 다시 처음 주장으로 되돌아와 "그러므로 우리는 ○○해야 한다"라는 문장으로 글을 닫습니다. 오늘은 여기까지만 연습해도 충분합니다. 작은 루틴이 쌓이면 아이의 논리는 점점 짧고 단단한 문장으로 자라납니다.

📖 엄마 상담 노트: 연설문 금쪽이

엄마: 우리 아이는 발표는 잘하는데, 연설문 쓰기만 나오면 한 줄도 못 써요.

글재주 선생님: 연설문은 '말'과 '글'의 중간이라 처음에 막혀요. 말은 즉석에서 흘러가지만, 글은 구조와 호흡을 동시에 챙겨야 하거든요. 그래서 "연설문은 귀로 듣는 글"이라고 먼저 알려 주세요.

엄마: 도입을 어떻게 열어야 할지 몰라서 시작을 못 해요.

글재주 선생님: 고정 도입문을 주세요. "여러분, 안녕하세요. 오늘 저는 ○○에 대해 말씀드리겠습니다." 시작만 열면 본론으로 자연스럽게 넘어가요. 초반엔 틀을 써도 괜찮습니다.

엄마: 글은 싫다며 "말로만 할래요"라고 해요.

글재주 선생님: 좋습니다. 말 30초→엄마가 받아 적기. "봐, 방금 네가 쓴 연설문이야." 말→글 징검다리를 건너면 자신감이 생깁니다.

Q. 주장만 있고 근거가 약해요.

A. 주장 뒤에 "왜냐하면…"을 붙여 최소 한 줄 이유를 쓰게 하세요.

Q. 글이 딱딱해요.

A. 친구에게 말하듯 짧고 구체적으로 쓰고, 추상어 대신 예시 한 줄을 넣도록 하세요.

Q. 발표 톤이 밋밋해요.

A. 도입에 질문 한 줄("여러분, 이런 경험 있으신가요?")을 넣어 리듬을 만드세요.

Q. 문장이 길어서 숨이 차요.

A. 소리 내어 읽고 숨이 찬 자리에서 문장을 자르세요. 문장은 한 생각만 담아요.

Q. 결론이 흐려요.

A. "그러므로 우리는 ○○해야 합니다"로 처음 주장에 되돌아가 닫으세요.

📖 **엄마를 위한 글재주 처방전(3포인트 법칙)**

연설문은 길게 쓰는 글이 아닙니다. 도입 – 본문 – 결론, 세 포인트만 분명히 잡으면 충분합니다. 먼저 아이가 생활 속 주제 하나를 고르게 합니다. "급식 시간 10분 연장"처럼 일상적인 주제가 좋습니다. 그 다음 곧바로 고정 도입문을 소리 내어 적게 하세요.

"여러분, 안녕하세요. 오늘 저는 ○○에 대해 말씀드리겠습니다."
시작이 열리면 아이는 긴장을 풀고 본론으로 넘어갈 수 있습니다.

이제 본론에서 주장 한 줄+이유 두 줄을 입으로 먼저 말하게 하세요. 아이가 말한 그대로 짧게 받아 적게 하면 됩니다. 글을 쓰는 부담 대신 말하기의 리듬이 글로 자연스럽게 옮겨집니다. 이어서 아이에게 자신의 글을 소리 내어 읽게 하고, 숨이 찬 자리에서 문장을 나누게 하세요. 접속사가 많으면 끊어내고, 쉼표는 마침표로 바꿔 짧은 문장으로 정리하면 됩니다.

마지막 결론에서는 다시 주장으로 되돌아가 닫습니다.

"그러므로 우리는 ○○해야 합니다." 이렇게 도입－본문－결론의 세 포인트만 잡아도 짧고 분명한 연설문이 완성됩니다. 오늘은 여기까지만 연습하고, 내일은 이유 두 줄 중 한 줄만 구체적인 사례로 보강해 보세요. 완벽을 목표로 하지 말고, 짧고 잘 들리는 한 편을 목표로 삼는 것이 좋습니다. 작은 루틴이 쌓이면 아이의 연설문은 점점 더 분명하고 리듬 있는 문장으로 자라납니다.

여기서 꼭 짚어야 할 점이 있습니다. 연설문은 논설문과 비슷해 보이지만, 실제로는 전혀 다른 글입니다. 논설문은 글로 설득하는 글이고, 연설문은 귀로 설득하는 글입니다. 아이에게 이 차이를 알려주면 훨씬 수월하게 두 갈래 글쓰기를 구분할 수 있습니다.

구분	논설문	연설문
목적	글로 설득하기	말로 설득하기
대상	글을 읽는 독자	귀로 듣는 청중
형식	서론 – 본론 – 결론 (조리 있고 정제된 구조)	도입 – 본문 – 결론 (리듬과 호흡을 고려)
주장방식	사실 · 경험 · 자료 같은 팩트 중심 근거 제시	공감 · 호소 · 예시를 섞어 감정 + 이성을 동시에 설득
문체	딱딱하고 논리적인 글투 (글자 중심)	대화체에 가까운 구어체 (소리 중심)
표현	긴 문장 가능, 논리 전개 강조	짧은 문장, 반복 · 수사 · 호응 같은 말하기 효과 강조
결론	"그러므로… 해야 한다." (논리적 귀결)	"그러므로… 함께해 주시기 바랍니다." (호소, 행동 촉구)

"자기 얘기인데 왜 못 쓰죠?"
– 생활문 금쪽이 엄마 유형

📖 엄마 상담 노트: 생활문 금쪽이

엄마: 일기랑 뭐가 다른지 헷갈려해요.

글재주 선생님: 일기는 나에게 말하는 글, 생활문은 누군가에게 들려주는 글이에요. 읽는 사람을 떠올리고 문장을 다듬게 하세요. 그래서 마지막에 제목 한 단어를 붙이면 더 좋아요. '오늘의 한 컷'을 압축하는 훈련이거든요.

📖 한 줄 질문 & 한 줄 답변

Q. 사소해서 쓸 가치가 없대요.

A. "생활문은 사소한 순간의 기록"이라는 확신을 주세요.

Q. 밋밋해서 재미가 없어요.

A. 대화 한 줄("괜찮아?", "헉, 미안!")을 넣으면 장면이 살아납니다.

Q. 글이 너무 짧아요.

A. 사건 한 줄 뒤에 감정 한 줄을 반드시 붙이게 하세요.

Q. 문장이 길고 흐려져요.

A. 한 문장=한 장면. 접속사가 두 번이면 두 문장으로 나눕니다.

Q. 시간이 오래 걸려요.

A. 네 줄 규칙(사건 – 감정 – 대화 – 제목)으로 짧게 완성하세요.

Q. 뭘 빼야 할지 몰라요.

A. 설명은 줄이고 장면과 느낌만 남기세요.

Q. 제목이 어려워요.

A. 끝에 핵심 단어 1개로 붙이세요('국물', '빨개짐', '우산').

📖 엄마를 위한 글재주 처방전(순간 3컷 법칙)

오늘은 네 줄이면 충분합니다. 아이가 하루 중에서 기억에 남는 장면 한 컷을 말로 고르게 하세요. 그 장면을 사건 한 줄로 적고, 바로 아래에 감정 한 줄을 붙입니다. 이어서 대화 한 줄을 넣고, 마지막으로 장면을 압축하는 제목 한 단어를 붙이면 됩니다.

다음 날에는 이 네 줄 중 감정 한 줄만 조금 더 구체적으로 표현하게 하세요. 예를 들어 "부끄러웠다"를 "귀가 달아올라 아무 소리도 들리지 않았다"처럼 바꾸는 식입니다. 글이 짧아 보이면 마지막에 감각 단어 하나(김, 수증기, 웅성웅성)를 덧붙여 보세요.

완벽한 글을 쓰는 것이 목표가 아니라, 짧고 선명한 순간을 붙잡는 것이 목표입니다. 이런 루틴이 쌓이면 생활문은 특별한 사건이 없어도 매일 써내려갈 수 있는 짧고 또렷한 기록으로 자라납니다.

"짧은 글이라 더 어렵대요"
– 시 금쪽이 엄마 유형

📖 **엄마 상담 노트: 시 금쪽이**

엄마: 차라리 긴 글을 쓰라면 조금 하는데, 시만 쓰라면 "이게 맞나요?", "너무 짧아요" 하며 멈춰요. 짧아서 오히려 더 어려워한대요.

글재주 선생님: 많은 아이들이 시를 재능 시험으로 생각해요.

그런데 시는 거창한 설명이 아니라 짧은 순간의 느낌을 붙잡는 글이에요. 두 줄이면 충분할 때가 많아요.

엄마: 두 줄로도 괜찮다고 알려 줬는데도 여전히 망설여요.

글재주 선생님: "시=귀로 듣는 이미지"라고 알려 주세요. 먼저 장면한 컷을 떠올리고, 그 장면에서 단어 5개(색 · 소리 · 온도 · 냄새 · 움직임)만 적어보게 해요. 그다음 단어를 엮어 비유한 줄을 만들고 줄 바꿈으로 리듬을 주면 시가 됩니다.

Q. 영감이 없대요.

A. 사진/사물 하나를 보고 단어 5개(색·소리·온도·냄새·움직임)를 먼저 적게 하세요.

Q. 비유를 못 만들어요.

A. "A는 B 같다" 템플릿으로 시작해 보세요("운동장은 거대한 북 같다").

Q. 단어만 나열해요, 문장이 안 돼요.

A. 두 단어 이상 연결("구름 같은 마음") 규칙을 주세요.

Q. 문장이 밋밋해요.

A. 동사에 움직임을 주세요("떨어진다" 대신 "똑똑 떨어진다").

Q. 시가 자꾸 길어져요.

A. 한 장면=세 줄로 자르세요. 나머지는 다음 시로 나눕니다.

Q. 유치하다고 지워요.

A. "시의 가치는 길이가 아니라 이미지의 선명함"이라고 안심시켜 주세요.

Q. 읽기(낭독)가 어색해요.

A. 줄 끝에서 숨쉬기. 한 줄 한 호흡으로 리듬을 살립니다.

Q. 제목을 못 정해요.

A. 마지막에 핵심 단어 1개로 붙이게 하세요('빗방울', '구멍').

Q. 수정은 어떻게 하나요?

A. 덜어내기 1회만—불필요한 설명 한 줄을 지우고 이미지 한 줄만 남깁니다.

시는 길게 설명하는 글이 아닙니다. 오히려 빼야 더 선명해집니다. 아이에게 장면 한 컷을 떠올리게 하고, 거기서 색 · 소리 · 온도 · 냄새 · 움직임 단어를 다섯 개 뽑게 하세요. 그다음 문장을 만들 때는 반드시 세 가지를 아웃시키라고 하세요.

첫째, "예쁘다, 좋다, 슬프다"처럼 누구나 쓰는 진부한 감정 단어는 빼야 합니다.

둘째, "왜냐하면 …이다" 같은 장황한 설명은 아웃입니다. 시는 설명이 아니라 이미지로 보여주는 글입니다.

셋째, "정말, 아주, 너무" 같은 힘만 빠지는 부사도 지워야 합니다.

이 세 가지를 덜어내면 글에는 감각 단어와 비유, 이미지가 남습니다. 그 단어들로 한 줄 비유를 만들고 줄 바꿈으로 리듬을 주면 두세 줄짜리 시가 완성됩니다. 오늘은 여기까지만 해도 충분합니다. 내일은 세 줄 중 한 줄만 더 구체화해 보게 하세요. 짧아도 좋습니다. 중요한 것은 빼기의 습관, 3아웃 법칙이 몸에 익는 것입니다. 이렇게 쌓이면 아이의 시는 점점 진부한 표현을 벗고, 짧고 또렷한 이미지로 자라납니다.

OUT (빼야 할 것)	IN (대체 표현)
예쁘다, 좋다, 슬프다, 아름답다	붉다, 반짝이다, 쨍쨍하다, 바스락거리다
왜냐하면 …이다, ~했기 때문에, ~해서 그렇다	심장이 콩콩 뛰었다, 얼굴이 화끈 달아올랐다, 눈물이 볼을 타고 흘렀다
정말, 아주, 너무, 굉장히, 몹시	똑똑 떨어진다, 팔랑팔랑 흔들린다, 쿵쿵 울린다, 살랑살랑 스친다

"형식만 있지 진심이 없어요"
– 편지 금쪽이 엄마 유형

📖 엄마 상담 노트: 편지 금쪽이

엄마: 우리 아이는 편지만 쓰면 늘 "안녕하세요… 건강하세요… 감사합니다"로 끝나요. 형식은 있는데 마음이 안 느껴져요.

글재주 선생님: 많은 아이들이 편지를 격식 문서로 생각해요. 편지는 문서가 아니라 마음을 담는 그릇이에요. 인사말을 줄이고 기억한 장면만 꺼내도 바로 달라집니다.

엄마: 맞춤법을 틀릴까 봐 불안해서 더 못 쓰나 봐요.

글재주 선생님: 편지는 맞춤법보다 마음의 방향이 먼저예요. 빨간펜은 나중에, 먼저 소리 내어 읽으며 상대 얼굴을 떠올리는 낭독부터 해 보세요. 그게 가장 빠른 다듬기입니다.

📖 한 줄 질문 & 한 줄 답변

Q. 톤(높임)이 헷갈려요.

A. 호칭과 높임만 상황에 맞게 바꾸고, 내용은 장면 중심을 유지합니다.

Q. 문장이 길고 산만해요.

A. 한 문장=한 생각. 접속사가 두 번 나오면 두 문장으로 자르세요.

Q. 마음이 안 보인대요.

A. "편지는 그 사람 얼굴에 대고 말하듯 쓰는 글" 이라고 알려 주세요.

Q. 읽어주길 부끄러워해요.

A. '발표' 대신 낭독 놀이(불 낮추기, 손전등, 속삭이기)로 분위기를 바꾸세요.

Q. 끝맺음이 밋밋해요.

A. 한 단어 제목('잔치국수')이나 약속 한 줄로 닫으세요.

📖 엄마의 글재주 처방전(1×1×1 법칙)

오늘은 여섯 줄 편지로 충분합니다. 먼저 받는 사람 얼굴을 떠올리게 하세요. 그리고 함께 나눈 기억 한 장면을 한 줄로 적습니다. "비 오던 날 같이 우산을 썼어요"처럼 상대와 연결된 순간이면 됩니다. 이어서 그 장면에서 느낀 감정을 한 줄로 적습니다. "그날 따뜻해서 하나도 춥지 않았어요"처럼 솔직하게 표현하면 충분합니다.

그다음은 1×1×1 세 줄입니다. 고마움 한 줄, 미안함 한 줄, 함께하고 싶은 일 한 줄. 이 세 줄이 곱해져서 편지를 편지답게 만듭니다. 마지막으로 약속이나 바람을 한 줄로 닫으세요. "다음 주에 우산 없이 만나요"처럼 상대에게 건네는 미래의 메시지가 좋습니다. 끝으로 아이가 소리 내어 낭독하며 직접 말하는 듯 읽게 하세요.

편지는 마음을 전하는 글입니다. 형식보다 장면과 마음, 그리고 상대와의 연결이 먼저입니다. 이 습관이 쌓이면 편지는 숙제가 아니라 마주 앉은 마음이 됩니다.

3부

문해력이
쏘아 올리는
진짜 국어 공부법

1장

국어의 기본기는 언제부터 시작할까?

국어의 기본기는 단순히 문제집을 풀기 시작하는 순간에

결정되지 않습니다.

국어의 기초 체력은 글자를 깨치는 속도가 아니라

생각을 길어 올리는 깊이에 달려 있습니다.

아이가 책 한 권을 덮고 골똘히 생각에 잠기는

그 정적의 시간이

사실은 가장 치열한 국어 공부의 순간입니다.

국어 공부 준비 이유와 방법은?

📖 왜 국어 공부 준비가 필요할까?

국어 독해를 어려워하는 고등학생에게 한 질문과 답변입니다.

"너는 국어를 잘하기 위해 언제부터 준비가 필요하다고 생각하니?"
"중등 1학년이요."
"고등 1학년이 아니고 왜 중등 1학년일까?"
"고등학생이 되어서 열심히 국어 공부를 했지만 성적이 안 나와요. 그래서 중등 1학년 때에는 시작해야 할 것 같아요."

사실은 중등 1학년도 늦습니다. 국어는 아이들이 태어나면서부터 가장 먼저 접하는 언어에서부터 시작됩니다. 하지만 학부모들이 자녀의 국어 공부를 체계적으로 준비해야겠다고 느끼는 시점은 대부분 중·고등학교 진학 후 특히 수능을 앞두고서입니다.

그런데 고등학생이 되어서야 국어 공부를 시작하면 쉽게 성적이 나오지 않습니다. 많은 시간을 투자해도 1등급이 되기란 쉬운 일이 아닙니다. 고등 국어에서는 지문이 길어지고 복잡해집니다. 문학에서는 소설과 시 등 처음 보는 작품을 분석하고 감상하며 내용을 파악할 수 있어야 합니다. 그런데 소설은 읽어야 할 내용이 많습니다. 읽는 속도가 느린 학생들은 시간의 압박을 받아 읽어도 제대로 이해를 못 하고 넘어가게 됩니다. 비문학에서는 다양한 영역의 제시문들이 출제됩니다. 철학, 예술, 과학, 경제, 사회문화, 기술 등 사실 학생들이 살면서 접해 보지 못했던 다양한 내용들이 나옵니다.

어릴 때부터 다양한 독서를 한 경우에는 배경지식이 쌓여 있어 도움이 됩니다. 처음 보는 내용이지만 개념을 알고 현상을 이해하며 정보 처리를 빠르게 합니다. 당연히 읽는 속도에서 차이가 날 것이고 문제를 해결할 때도 정확도가 높아집니다.

📖 국어 과목 준비는 어떻게?

국어는 단순히 지문을 읽고 문제를 푸는 과목이 아닙니다. 문장과 문장 사이에서 행간을 읽어낼 수 있어야 하고 단어의 의미를 정확히 알고 숨겨진 내용을 이해할 수 있어야 합니다. 그래야 문제에서 물어보는 핵심을 알고 빠르게 정답을 찾아낼 수 있습니다. 그런데 아이들은 글 읽는 것을 어려워합니다. 혹은 열심히 읽지만 정작 답을 찾아내지 못합니다. 읽어도 내용을 이해하지 못했기 때문입니다. 바로 독해력과 사고력 부족 때문에 일어나는 현상입니다.

독해력과 사고력은 오랜 시간 동안 책을 읽고 생각하고 글을 써 보는 경험을 통해 자연스럽게 길러지는 능력입니다. 더구나 짧은 시간에 긴 지문을 읽고 지문의 핵심 내용을 정확하게 파악하는 연습은 단기간에 완성되지도 않습니다. 그래서 국어는 단기간에 점수를 끌어올리기 어려운 과목입니다.

그렇다면 국어 공부는 언제부터 시작하는 것이 바람직할까요? 국어 공부를 잘하기 위해서는 가능한 한 이른 시기부터 꾸준히 준비하는 것이 가장 좋습니다. 국어는 생활 속에서 자연스럽게 실력을 쌓아야 하는 과목입니다. 그 이유는 국어가 단순한 지식 암기 과목이 아니라 생각하는 힘과 언어 감각을 기르는 '기능적 과목'이기 때문입니다.

이 능력은 책을 읽고 글을 쓰는 과정을 통해 장기적으로 축적됩니다. 단기간 학습으로는 한계가 있습니다. 실제로 꾸준히 독서를 하며 어휘력과 사고력을 키운 학생은 수능 국어에서도 안정적인 점수를 유지합니다.

국어 공부는 빨리 시작할수록 유리하고 그 시작은 독서입니다. 특히 초등학교 고학년부터 중학교 시기까지는 문해력과 독해력을 집중적으로 기를 수 있는 골든타임입니다. 이 시기에 독서와 쓰기 활동을 꾸준히 한 학생일수록 고등학교에서 훨씬 수월하게 국어를 학습할 수 있습니다. 반면 고등학교에 올라와 처음 국어 공부를 시작한 경우 기초가 부족해 지문 이해나 시간 관리에 어려움을 겪을 수 있습니다.

초등학생 때는 어떤 준비가 필요할까?
– 책 읽기로 다지는 국어 공부의 기초

초등학교 시기는 아이가 언어를 통해 세상을 배우는 가장 중요한 시기입니다. 이 시기에 언어 학습의 기초를 다지는 것은 학습의 지평을 넓히는 일입니다. 국어는 모든 학문의 기초이며 삶의 기반이 되는 소통의 도구입니다. 그 국어 공부의 출발점이자 중심에는 바로 '책 읽기'가 있습니다. 아이들은 책을 읽으며 글 속에 담긴 생각을 이해하며 말의 흐름을 따라갑니다. 그리고 언어를 통한 논리를 함께 키워갑니다. 그래서 책 읽기는 국어 공부의 가장 기본이면서도 가장 효과적인 방법입니다.

책을 읽으며 아이는 자연스럽게 어휘력을 키웁니다.

낯선 단어를 접하고 문맥 속에서 그 의미를 추측해 보는 과정이 반복되면서 어휘는 단순한 지식이 아니라 감각이 됩니다. '예의 바르다', '긴박하다', '감격스럽다'와 같은 말이 교과서의 뜻풀이를 통해서가 아니라 이야기 속 주인공의 행동이나 상황을 통해 살아 있는 의미로 다가옵니다. 이는 단어를 오래 기억하게 하고 나중에 자기 말이나 글에 자연스럽게 녹여낼 수 있게 합니다. 그러면 학년이 올라가면서 접하는 다양한 영역의 글들을 잘 이해할 수 있습니다. 당연히 단단한 독해력이 만들어집니다. 이는 국어 공부의 날개가 되어줄 것입니다.

이뿐만 아니라 책 읽기는 문장과 문단의 구조, 더 나아가 글 전체의 구성을 이해하는 데 도움이 됩니다. 아이는 책을 읽으며 무의식적으로 좋은 문장의 흐름을 체험합니다. 설명하는 글을 읽으며 '처음에는 주제를 말하고 중간에는 이유나 사례를 들며 끝에서는 다시 정리하는구나' 하는 식의 감각을 익힙니다. 글의 구조를 안다는 것은 핵심을 파악하는 데 상당한 도움을 줍니다. 또한 긴 글을 읽으면 참고해야 할 부분과 중요 부분을 분석해 낼 수 있어 문제 해결 능력도 좋아집니다.

다양한 영역의 책 읽기는 배경지식도 쌓아줍니다.

고등 모의고사나 국어 수업을 할 때 보면 학생들이 잘하는 영역과 못하는 영역의 점수 차가 확연히 드러납니다. 그런데 깊이 들여다보면 배경지식이 부족하여 일어나는 결과입니다. 예를 들어 철학과 관계된 책을 전혀 읽지 않았던 학생들은 철학 지문이 나오면 읽어도 내용이 이해되지 않는다고 어려움을 호소합니다. 물론 과학 지문이 나오는 경우에도 마찬가지입니다. 아이들은 읽어도 개념을 이해하지 못하니 문제 푸는 스킬만 익히려고 합니다. 문해력이 뒷받침되지 않은 문제풀이 연습은 문제 유형이 조금만 바뀌면 못 풉니다. 그래서 초등 과정부터 다양한 영역의 책을 깊이 있게 읽는 것은 국어 공부의 바탕을 넓히는 길입니다. 아이들이 좋아하는 그림책이나 흥미로운 이야기책부터 시작해 점차 다양한 장르의 글을 접하도록 해야 합니다. 전래동화, 동시, 정보글, 역사 이야기 등 다양한 글을 접할수록 국어 실력도 다방면으로 자랄 것입니다.

마지막으로 중요한 것은 꾸준함이 필요합니다.

하루 15분, 단 몇 쪽이라도 매일 책을 읽는 습관은 국어 실력을 천천히 그러나 깊게 다져줄 것입니다. 글을 읽고 이해하며 그것을 말하고 때로는 글로 써 보는 일련의 과정은 아이의 국어 실력을 튼튼하게 만듭니다. 국어 공부의 기초는 결코 단기간에 만들어지지 않습니다. 그래서 책 읽기라는 가장 단순하면서도 깊이 있는 활동을 꾸준히 실천하는 것이 중요합니다. 이 작은 실천이 아이를 어느새 자기 생각을 분명하게 표현할 수 있는 언어의 주인으로 만들어 줄 것입니다. 그리고 그 힘은 학교 공부를 넘어 삶을 살아가는 가장 든든한 도구가 될 것입니다.

따라서 국어 공부를 위해서 초등 시기부터 일상적인 독서 습관과 글쓰기 경험을 통해 기초를 다지는 것이 매우 필요합니다. 중요한 것은 단순 책 읽기만으로 그쳐서는 안 된다는 점입니다. 독후 활동을 통한 생각 나누기와 자신의 생각을 글로 표현하는 활동을 병행해야 합니다.

대학 합격 소식을 갖고 인사 온 제자가 말합니다.

"선생님, 국어 공부는 읽기 능력이 좌우한다는 것을 알게 되었어요. 그런데 책 많이 읽었더니 그 기본이 이미 다져져 있었더라구요. 선생님께 초등부터 배운 책 읽기가 저에게는 큰 힘이 되었어요. 소설을 읽으며 글의 흐름을 알게 되니 단어 하나하나, 문장 한 줄 한 줄의 의미를 깨달을 수 있었어요. 저 이번 수능에서 문학은 한 문제 틀렸어요. 비문학 다 맞았고요. 독서가 이렇게 수능에서 도움이 될 줄은 정말 몰랐어요. 정말 감사해요."

중·고등학생 때는 어떻게 해야 할까?

📖 중학생이 되었다면

−생각하는 힘을 기르는 책 읽기와 국어 공부

중학교에 들어서면 학습의 양도 많아지고 공부 방식도 훨씬 논리적이고 체계적으로 변합니다. 그러므로 모든 과목의 공부와 사고의 바탕이 되는 능력, 즉 읽고 생각하고 말하고 쓰는 능력을 좀 더 체계적으로 길러야 합니다. 그럼 어떻게 무엇을 준비해야 할까요? 생각하는 책 읽기와 표현하는 글쓰기를 병행해야 합니다.

중학생이 읽는 책은 더 이상 단순한 이야기책에 머물지 않습니다. 사회 문제를 다루는 에세이, 역사적 배경이 녹아 있는 소설, 다양한 관점을 담은 논픽션 등 훨씬 다양한 주제와 형식을 접해야 합니다. 이때부터 책 읽기는 정보를 선별하고 해석하며 작가의 의도나 주장 관점까지 비판적으로 살펴보는 활동으로 발전해야 합니다.

예를 들어 어떤 책에서 "성공은 노력만으로 이뤄지지 않는다"는 주장이 나온다면 단순히 고개를 끄덕이는 것을 넘어 '왜 그렇게 말했을까? 나는 동의하는가? 다른 근거는 무엇이 있을까?'와 같은 생각을 던지는 습관이 중요합니다. 이는 곧 비판적 독해력의 시작이자 국어뿐 아니라 사회, 과학, 심지어 수학 문제풀이에서도 필요한 사고력의 기초가 됩니다.

책을 많이 읽으면 읽을수록 어휘력과 표현력이 깊어집니다. 중학생

수준의 국어 문제에서는 '추상어, 한자어, 비유적 표현' 등이 빈번히 등장합니다. 글을 쓸 때도 감정을 정확히 표현하고 논리를 설득력 있게 펼치는 것이 중요해집니다. 독서를 통해 풍부한 문장 표현을 접한 학생은 자신만의 말과 글로 생각을 훨씬 잘 드러냅니다.

결국 국어 실력은 삶을 이해하고 표현하는 힘입니다. 그러므로 읽는 데서 멈추지 말고 그 읽기를 통해 생각하고 말하고 쓰는 능력을 함께 길러야 합니다. 그 모든 출발은 여전히 한 권의 책입니다. 책 읽기를 통해 국어의 기본을 다진다는 것은 곧 자신의 생각과 세계를 넓히는 일입니다. 국어 공부는 그렇게 책 속에서 자라납니다.

📖 고등학생이 된 후에는?

– 깊이 있는 독서, 날카로운 사고

고등학교에 올라오면 국어는 단순한 교과 과목이 아니라 대학 입시와 인생을 준비하는 핵심 도구로 자리 잡습니다. 수능 국어는 물론이고 논술, 면접, 자기소개서에 이르기까지 고등학교 국어는 단지 문법이나 문학 개념을 외우는 차원을 넘어서 사고력과 표현력의 총합을 요구합니다. 이 모든 국어 능력의 출발점이자 가장 중요한 기반은 여전히 책 읽기, 곧 '깊이 있는 독서'에 있습니다.

고등학생이 되어 읽는 책은 더 이상 단순한 즐거움이나 이야기 전달을 넘어서야 합니다. 책 한 권을 통해 하나의 사상과 세계관을 통째로 받아들일 수 있어야 합니다. 그것을 자신의 언어로 해석하고 비판할 수 있어야 합니다. 국어 공부의 기초가 이처럼 독해력의 깊이와 사고의 논리성으로 전환되는 시점에서 책 읽기는 단순한 습관이 아닌 학문적 도구가 됩니다.

우선, 깊이 있는 독서는 수능 독서 영역에서의 고득점과 직결됩니다. 수능 지문은 인문학, 사회경제, 과학, 기술 등 다양한 분야의 글을 분석적으로 이해하는 능력을 요구합니다. 독서 경험이 풍부한 학생은 긴 글 속에서도 중심 논리를 빠르게 파악하고 글쓴이의 주장을 논리적으로 따라가며 비판할 수 있습니다. 이는 단지 언어 감각의 문제가 아니라 지적인 내공에서 비롯되는 힘입니다. 이런 힘은 독서 없이는 쌓을 수 없습니다.

또한 문학 작품을 깊이 있게 이해하는 데도 독서는 필수입니다. 고전소설이나 현대시를 공부할 때 이미 다양한 작품을 접해 본 학생은 인물의 심리, 시대적 배경, 상징적 표현 등을 자연스럽게 연결해 해석할 수 있습니다. 독서는 문학을 낯선 텍스트가 아닌 '경험해 본 세계'로 바꾸어 줍니다. 특히 고등학생은 독서를 능동적 활동으로 전환할 필요가 있습니다. 수동적으로 읽는 것이 아니라 밑줄을 긋고 요약하고 의문을 던지고 자신의 견해를 정리하며 읽는 훈련이 필요합니다. 한 문장을 읽고 '이 문장이 핵심인가?', '이 말에 나는 동의하는가?'를 묻는 습관은 바로 비판적 사고의 훈련이자 고등 국어의 본질을 이해하는 과정입니다.

물론, 시간은 부족하고 읽을 책은 많습니다. 하지만 중요한 것은 많이 읽는 것보다 깊이 읽는 것입니다. 한 권을 정독하고 생각하고 되새기며 읽는 태도가 곧 국어 실력의 바탕을 만듭니다. 때로는 한 문장을 오래 붙잡고 고민하는 과정이 수십 권을 훑는 것보다 더 깊은 국어 공부가 되기도 합니다.

　결국 고등학교 국어 공부는 문제를 잘 푸는 기술의 문제가 아닙니다. 세상을 바라보는 시각을 기르고 자기 생각을 정확히 표현하는 힘을 기르는 일입니다. 책 읽기를 중심에 둔 국어 공부는 그런 힘을 차곡차곡 쌓아 가게 합니다. 그것은 대학 입시를 넘어서 평생을 살아가는 데 필요한 '생각의 힘'을 기르는 가장 근본적인 훈련이 될 것입니다.

　국어는 '언제부터' 시작하느냐에 따라 결과가 크게 달라집니다. 초등학교 시절의 독서 습관, 중학교 때의 체계적인 독서와 문법과 글쓰기 훈련, 고등학교의 문제 풀이 전략은 모두 서로 연결되어 있습니다. 늦었다고 생각되는 지금이 가장 빠른 시작일 수 있습니다. 실제 사례로 서울대에 진학한 김○○ 학생은 인터뷰에서 "초등학교 4학년부터 매일 30분씩 신문 사설을 읽고 요약하는 습관을 들였다"고 밝혔습니다. 이 습관이 중학교 이후의 비문학 독해력 향상에 큰 도움이 되었고 수능 국어에서 독서 영역을 안정적으로 풀 수 있었던 비결이라고 했습니다. 이제 내 아이가 글을 읽고 이해하고 표현하는 능력을 갖추도록 꾸준히 관심을 가져야 합니다. 그것이 입시 성공의 첫걸음이라 할 수 있습니다. 결론적으로 국어는 공부 시기를 앞당길수록 유리합니다.

2장

어휘에서 문해력으로
읽기의 뿌리를 단단히 세우다

어휘력은 단기간에 향상되지 않습니다.

꾸준한 독서를 하며 어휘를 체계적으로 정리하고

반복적으로 생활 속에서 활용해야 합니다.

중요한 것은 자신에게 맞는 방식으로

단계적으로 접근하는 것입니다.

초등학생은 즐겁게, 중학생은 체계적으로,

고등학생은 깊이 있게 어휘력을 키워 나가야 합니다.

단어를 알 때 배움은 시작된다

어휘력, 독해력의 기초이자 문해력의 출발점

모든 학습의 기초는 읽기 능력에 달려 있습니다. 그리고 이 읽기 능력을 좌우하는 것은 어휘입니다. 다양한 읽기를 통해 단어를 익히고 배우는 과정은 결국 독해력과 문해력으로 연결됩니다. 초등학교 3학년 과학 교과 과정 중 '물의 상태 변화' 단원이 있습니다. 이 단원에서 나오는 '증발', '응결', '기체' 같은 과학 용어를 정확히 알지 못하면 전체 개념을 이해하기 어렵습니다. 왜냐하면 모르는 단어가 나올 때마다 문맥이 잘 이해되지 않아 전체 글의 흐름을 잡지 못하기 때문입니다. 이처럼 어휘가 부족하면 단어를 해독(발음)할 수는 있어도 의미 이해가 막혀 읽기 이해도가 떨어집니다. 결국 어휘량은 읽기 능력과 강하게 연결되어 있으며 특히 글의 주제와 관련된 어휘는 읽기 이해력 향상에 직접적인 영향을 줍니다.

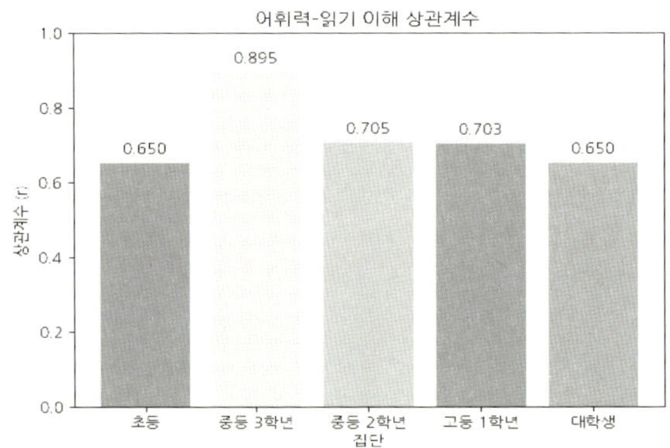

어휘력과 읽기 이해력의 상관계수 0.6 이상은 강한 관계를 의미합니다. 그런데 표에서 보듯 중학교 3학년에서 가장 높은 상관계수(0.895)가 나왔고 모든 단계에서 0.65 이상으로 강한 상관을 보입니다. 중등 교과목에 자주 나오는 전문 용어나 추상적 어휘에 대한 이해력이 읽기 능력의 차이를 크게 벌린 것입니다. 이처럼 어휘는 읽기에서 중요한 역할을 합니다.

또한 어휘력이 받쳐주어야 공부도 잘할 수 있습니다. 교과서, 참고서, 문제지 등 학습 자료 대부분은 글로 되어 있습니다. 어휘력이 좋으면 글의 내용을 정확하게 이해할 수 있어서 공부가 더 수월해집니다. 특히 학력이 올라갈수록 접하게 되는 긴 지문이나 복잡한 설명도 잘 읽을 수 있습니다. 막힘없이 잘 읽으면 문제 풀이 속도가 빨라지고 정답률도 높아집니다.

아이들은 새로운 내용을 공부할 때 모르는 단어가 많으면 공부에 흥미를 잃습니다. 문제를 읽어도 내용을 모르고 설명을 들어도 이해가 안 되니 흥미를 잃을 수밖에 없습니다. 연구 결과에 따르면 수학이나 사회 문제를 풀기 어려워했던 학생들에게 개념어를 먼저 학습하게 한 후에 문제를 풀게 했을 때 정답률이 20% 이상 올라갔다고 합니다. 결국 어휘력이 있어야 학업 성취도도 올라간다는 말입니다.

초·중·고 단계별 어휘력 키우기 전략

📖 초등 시기의 어휘 학습

초등 시기에는 기초 어휘 확보가 읽기 이해의 '출발점'입니다. 읽기와 단어 인식에 관한 연구를 했던 인지심리학자인 Max Coltheart는 읽기가 시각 경로와 음운 경로의 이중 경로로 이루어진다고 말합니다. 그런데 초등 저학년들은 친숙한 어휘는 시각을 통해 인식하지만 친숙하지 않은 어휘는 자음-모음의 대응을 통한 음운 경로가 이해에 더 영향을 준다고 합니다. 그래서 친숙한 어휘의 양이 충분하지 않은 초등학교 저학년 학생들에게는 자음-모음의 대응을 통한 음운 인식이 어휘를 학습하는 데 중요한 역할을 합니다. 또한 초등학교 고학년의 경우에도 각 교과별 전문어나 사고 도구어 등의 낯선 어휘를 이해하기 위해서는 음운 인식이 중요합니다.

우리말은 자음과 모음이 결합하여 음절 단위로 글자를 만들고 이를 표기에 반영합니다. 그런데 우리말은 발음을 할 때 음운 변동이 적용되는 경우가 있습니다. 이 때문에 초등 저학년들은 소리 나는 대로 표기를 하려고 합니다. 그러므로 소리와 표기의 다름을 확실하게 가르칠 필요가 있습니다. 맞춤법이 정확하게 인식되지 않은 아이들은 글을 읽을 때도 틀리게 읽기 때문입니다. 이는 곧 사실적 읽기에 영향을 주고 결국 글의 내용을 잘못 이해하게 됩니다.

그렇다면 어떻게 어휘 학습을 해야 할까요?

초등학생 시기에는 흥미와 놀이 중심의 어휘 습득이 필요합니다. 우선 초등 저학년 시기에는 소리 내어 읽기를 해야 합니다. 단어의 철자를 학생이 눈으로 확인하며 소리 내어 읽는 것은 학생이 철자 인식의 정확도를 파악하는 데 중요한 역할을 합니다. 그리고 자음 – 모음의 관계(예시 1)를 알도록 지도해야 합니다. 특히 이 시기는 언어에 대한 흥미와 친숙함을 키우는 때인 만큼 '재미'에서 시작해야 합니다. 끝말 잇기, 낱말 퍼즐, 속담 맞히기 같은 게임과 십자말 퀴즈 등은 아이가 단어를 즐겁게 받아들이도록 도와줍니다(예시 1).

예시 1) 재미있는 십자말 퀴즈

※ 다음 단어의 뜻풀이를 읽고 해당하는 부호에 알맞은 단어를 넣어 표를 완성하시오.

	㉠		①ⓛ	㉢
				종
②㉣ 부			③ⓑ	
④㉤				
람			⑤	㉅
⑥				

가로말 풀이

① 옮겨심기 위하여 씨앗을 뿌려 가꾼 어린 식물.

② 아궁이에 불을 땔 때 쓰는 나무 막대기.

③ 감정이나 본능에 치우치지 않고 깊은 지식으로 사물을 분별하고 이해하는 슬기.

④ 젖먹이 아이를 귀엽게 이르는 말.

⑤ 정이 많음.

⑥ 아래에서 위로 올라가며 감다.

세로말 풀이

㉠ 문을 지키는 사람.

ⓛ 닭 같은 날짐승의 먹이를 이르는 말.

㉢ 간장이나 고추장 따위를 담아 상에 놓는 작은 그릇.

㉣ 분한 마음을 이르는 말.

㉤ 자기의 차지.

ⓑ 점점 시들하고 쇠약해진다는 말. 꽃잎이 ○○○.

초등 고학년은 교과목별 특성에 맞는 어휘 학습이 꼭 필요합니다. 어휘력이 높아질수록 읽기 능력이 향상되어 전반적인 학습 성취도도 올라가기 때문입니다. 다음은 각 과목별 어휘력과 학습 성취도를 살펴보겠습니다.

1. 국어 과목

어휘력은 읽기 능력과 직결됩니다. 국어 교과서는 다양한 문학 작품과 비문학 텍스트를 포함하고 있습니다. 특히나 초등 고학년에서는 중·고등학년에서 배울 문학 개념어에 대한 기초 학습이 이루어집니다. 이때 시와 소설에 자주 등장하는 '비유적 표현'이나 '관용구'를 정확히 학습해 두어야 합니다. 초등 학년부터 꾸준히 학습한 어휘는 학년이 올라갈수록 독해의 힘이 됩니다. 고등 과정에서 국어 과목에서 읽어야 할 지문은 문학으로 국한되지 않습니다. 우리 삶의 전반적인 내용을 아우르는 지문들을 읽고 문제를 풀어야 합니다. 학생들이 초등 시기부터 어휘 학습을 꾸준히 하면 다양한 영역의 지문을 잘 읽어낼 수 있습니다. 그리고 읽어야 할 텍스트에 새로운 어휘가 나와도 문맥의 흐름을 통해 그 의미를 유추할 수 있습니다.

2. 사회 과목

사회 과목을 잘 학습하기 위해서는 전문 용어에 대한 이해가 많이 필요합니다. 역사, 지리, 경제 등 사회 과목에서는 '민주주의', '산업혁명', '지리적 위치' 같은 특정 용어가 반복 등장합니다. 그래서 어휘력이 부족하면 개념 이해가 어렵고 결과적으로 읽기 능력 저하로 이어집니다.

3. 과학 과목

과학 과목에서는 과학 용어와 개념 이해가 먼저 되어야 합니다. '승화', '회절', '공전' 등의 과학 어휘를 익히지 못하면 실험 설명이나 원리 이해하기 어렵습니다. 자연스럽게 글 읽기에도 어려움을 겪게 됩니다.

4. 수학 과목

수학 문제 이해를 위해서도 어휘력은 필수입니다. 수학 문제에는 '합계', '차이', '평균' 등 개념적 용어가 포함되어 있습니다. 이 용어들을 정확히 알아야 문제를 읽고 풀이할 수 있습니다. 그러므로 수학과 관련된 어휘와 개념을 함께 학습하면 문제를 읽고 이해력이 개선되어 문제 해결력이 향상될 수 있습니다.

아이들이 사용하는 어휘는 철자 단계에서 이해의 단계로 발전해 가야 합니다. 글의 내용을 정확하게 이해하고 그 내용을 바탕으로 옳고 그름을 판단해야 합니다. 필자의 의도가 무엇인지 그 판단의 기준이 공평한지 신뢰할 수 있는지 파악해야 합니다. 그래서 어휘력이 독해력에서 문해력으로 발전해 가는 기초가 되는 것입니다.

어휘력 향상을 위해 빈칸 메우기는 학생들이 문맥을 통해 빠진 단어를 추론하도록 유도합니다. 이 과정에서 학생들은 단어의 의미를 문맥 속에서 이해하고 이를 통해 어휘력을 자연스럽게 향상시킬 수 있습니다. 또한 다양한 문장에서 빈칸을 채우는 활동은 학생들에게 다양한 어휘를 접할 기회를 제공합니다. 이 활동을 통해 학생들은 새로운 단어를 학습하고 이를 실제 상황에 어떻게 활용하는지 배울 수 있습니다. 빈칸 메우기 활동은 학생들의 어휘력 향상뿐만 아니라 읽기 능력과 전반적인 학업 성취도 향상에도 큰 도움이 됩니다. 다양한 교과목과 연계하여 활용하면 더욱 효과적입니다(예시 2).

예시 2) 빈칸 메우기 학습지

개는 사람을 잘 따릅니다. 개는 사람에게 (　)움도 줍니다. 그(　)서 사람들은 옛(　)부터 개를 길렀습니다. 개의 조상(　) 이리처럼 사나(　) 짐승이었는데, (　)람과 가까이 살(　)서 온순해졌다(　) 합니다.

개는 냄(　)를 잘 맡습니다. (　)둑이나 산길을 (　)던 개가 갑자기 멈춰 서서 코를 땅(　) 대고 냄새를 맡(　) 때가 있 습니다. (　)리고 그 곳을 열심히 파헤치기도 (　)니다. 이것은 땅 (　)에 있는 두더지(　) 들쥐의 냄새를 (　)았기 때문입니(　). 그리고 멀리 나(　)다가 다시 돌아(　) 때에도 냄새를 (　)으면서 집을 쉽(　) 찾아온다고 합니다.

개는 소리를 잘 (　)습니다. 밤에 자(　)가 멀리서 사람(　) 지나가도 벌떡 (　)어나서 짖는 것(　) 볼 수 있습니다. (　)것은 개가 사람(　) 발자국 소리를 들었기 때문입니(　). 개는 먼 데서 나(　) 소리를 사람보(　) 네 배 가량 더 잘 (　)을 수 있다고 합니다.

개는 영리합(　)다. 집을 지키고, (　)부름도 합니다. (　)냥을 돕기도 합니다. 주인의 기분(　) 알아채기도 하(　), 발자국 소리만 (　)고서 주인인지 (　)닌지 알기도 합(　)다.

개는 충성스(　)습니다. 주인이 (　)험한 일을 당하(　) 재빨리 뛰어들(　) 주인을 보호합(　)다. 주인을 살리(　) 죽었다는 '오수(　) 개' 이야기는 유(　)합니다.

우리나(　) 에서 가장 뛰어(　) 개는 진돗개입(　)다. 진돗개는 비록 (　)은 작지만, 쥐나 (　)를 잡을 정도로 (　)르며 집도 잘 (　)킵니다. 그런데 이렇게 좋은 개의 수(　) 줄어 들고 있어(　) 나라에서는 이 (　)를 보호하고 있(　)니다.

이와 같이, (　)는 사람을 잘 따(　)고 많은 도움을 (　)기 때문에 사람(　)의 사랑을 받 고 있습니다.

📖 중등 시기의 어휘 학습

중학생 시기에는 논리적 사고와 맥락 중심의 어휘 학습이 필요합니다. 중학생이 되면 읽는 글의 난이도도 높아지고 표현해야 할 내용도 복잡해집니다. 그러므로 다양한 분야의 글을 읽으며 어휘를 확장하는 것이 중요합니다. 문학뿐만 아니라 역사, 과학, 시사 관련 글도 읽어야 합니다. 분야마다 사용하는 어휘가 다르기 때문에 독서의 폭을 넓히는 것은 곧 어휘의 폭을 넓히는 일입니다.

또한 이 시기부터는 단어를 문맥 속에서 파악하는 능력을 키워야 합니다. 단어의 사전적 의미뿐 아니라 문장에서 어떤 뉘앙스로 사용되었는지를 생각해야 합니다. 이를 위해 어휘 노트를 체계적으로 만들고 뜻뿐 아니라 예문과 유의어, 반의어까지 정리하는 것이 좋습니다. 중학생에게 가장 중요한 어휘 습득 방법 중 하나는 쓰기와 말하기에서의 실천입니다. 토론, 발표, 감상문, 독서록 등을 통해 다양한 어휘를 실제로 사용하는 연습을 해야 합니다. 아울러 어휘력 퀴즈나 학습 앱을 활용해 재미를 곁들이는 것도 좋은 방법입니다.

중학생들의 어휘 학습은 교과서를 기반으로 하되 흥미도 느낄 수 있도록 하는 것이 좋습니다. 중등 시기의 어휘는 고등학교에서 요구하는 고급 독해력과 논술을 준비하는 단계입니다. 이처럼 중학생의 어휘 학습은 고등 학습 과정의 기초가 됩니다. 그러므로 교과서에 나오는 어휘를 정확히 익히고 개념어에 대해 명확히 이해해야 합니다. 어휘력 향상을 위해 요일을 정해 놓고 학교에서 수업한 국어, 사회, 과학, 영어 교과서에서 모르는 단어 5~7개를 추출하여 정리하면 좋습니다. 이때 의미 · 품사 · 예문을 같이 기록해 두면 더 잘 이해할 수 있습니다(예시 3, 4).

예시 3) 어휘 노트

<어휘 노트 예시 >	
깐보다 | 깔보다	**깐보다**: 마음속으로 가늠해 보다. 예) 그는 상대방을 깐보며 쉽게 이길 수 있다고 생각했다. **깔보다**: 남을 업신여겨 우습게 보다. 예) 그는 항상 사람들을 깔보고 무시하는 태도를 보였다.
돋구다 | 돋우다	**돋구다**:안경 따위의 도수를 더 높게 하다. 예) 시력 검사 결과 안경 도수를 더 돋구어야겠다. **돋우다**: i) 기분 등을 자극하다. ii) 입맛이 좋아지게 하다. 예) 선생님의 말씀은 나의 호기심을 돋우었다.

『사람은 무엇으로 사는가』 독후 어휘 활동지

책을 읽고 모르는 단어를 찾아 문맥으로 의미를 추측하는 의미 추론 훈련도 있습니다. 이 연습을 할 때는 반드시 자신의 의미 추론이 맞는지 사전을 찾아 확인해야 합니다. 또한 어휘를 시각화하여 학습하는 개념도 작성은 학생들이 단어 간 관계를 체계적으로 정리하도록 함으로써 새 어휘를 유의미하게 확장할 수 있습니다. 이 훈련을 꾸준히 하면 영역별 지문을 읽고 문제를 풀어야 할 때 새로운 단어가 나와도 의미를 유추할 수 있습니다.

마인드맵은 수업에서 학생들이 글 속 어휘와 개념의 관계를 한눈에 구조적으로 이해하게 해 주는 도구입니다. 톨스토이의 〈사람은 무엇으로 사는가〉를 예로 들 경우 그 구조를 바탕으로 직접 그리면 학생들이 작가의 메시지, 즉 '인간은 사랑으로 살아간다'는 중요한 주제를 더 깊이 체득할 수 있습니다(예시 5).

예시 5) 마인드맵

예시 5) 마인드맵

『사람은 무엇으로 사는가』 독후 마인드맵 작성 예시

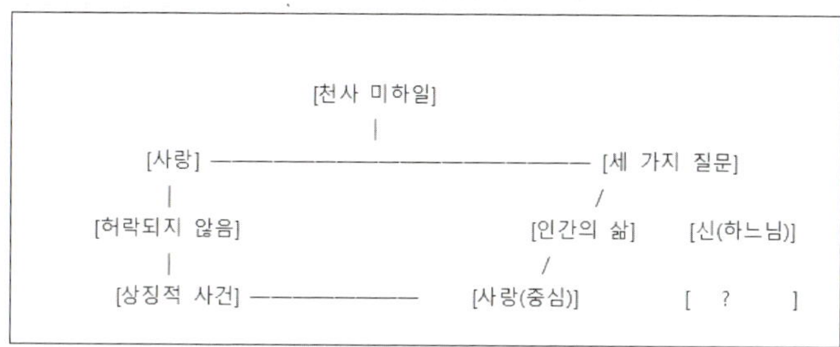

이 책의 핵심인 '사랑'을 중심에 두고 이를 둘러싼 형태로 다른 개념이 연결됨.
핵심 키워드를 상황에 맞게 연결해 나가는 구조로 글의 내용을 시각화하여 이해에 도움을 줌.

또한 맥락 단서를 이용한 추론 활동과 말놀이 등으로 학생들의 어휘에 대한 흥미를 높일 수 있습니다. 예를 들어 텍스트 속 단어의 의미를 문맥에서 유추하게 하거나 낱말 게임·어휘 빙고 등을 통해 자연스럽게 단어를 반복 학습할 수 있습니다. 실제 연구에서도 중1 국어 교과서 어휘 활동 대부분은 의미 지식 중심으로 구성되었고 학생 흥미를 위해 말놀이를 많이 활용한 것으로 나타났습니다(예시 6, 7).

예시 6) 단어의 의미 유추하기 1

<텍스트 속 단어의 의미 유추하기 예시> ①

[1 ~ 3] 다음 밑줄 친 말과 바꿔 쓰기에 가장 적절한 것은 고르시오.

01 좋은 목소리를 가진 선생님께서는 직접 시를 소리 내어 읽어 주셨다.

① 암송해   ② 낭송해   ③ 음미해   ④ 묵독해   ⑤ 속독해

02 그는 이별의 아픔을 예술로 발전시키겠다며 며칠째 그림 작업에 몰두하고 있다.

① 승화하겠다며   ② 암시하겠다며   ③ 함축하겠다며   ④ 형상화하겠다며   ⑤ 구체화하겠다며

03 배우 김 씨는 자신에 관한 잔뜩 퍼져 있는 소문을 뒤로 하고 황급히 해외로 출국했다.

① 풍성한   ② 풍족한   ③ 경미한   ④ 희박한   ⑤ 무성한

예시 7) 단어의 의미 유추하기 2

[05 ~ 07] 다음 뜻에 해당하는 단어를 찾아 바르게 연결하시오.

05 불쌍하고 가련하게 여김.   •   • ㉠ 고찰

06 어떤 것을 깊이 생각하고 연구함. •   • ㉡ 연민

07 빛이 약하거나 멀어서 조금 어둑하고 희미한 모양. •   • ㉢ 아슴푸레

📖 고등 시기의 어휘 학습

고등학생은 고급 어휘를 사용하여 논리적으로 표현할 수 있는 능력을 키워야 합니다. 고등학생 시기는 사고가 성숙해지고 대학 입시와 같은 고난도 평가를 대비해야 하는 시기입니다. 이때는 추상적이고 논리적인 어휘를 익히는 것이 중요합니다. 이를 위해서는 인문, 사회, 과학, 철학 등의 심화 독서가 필요합니다. 글을 읽을 때 단순히 내용을 이해하는 것을 넘어 단어의 의미, 맥락, 의도까지 분석적으로 접근해야 합니다.

고등학생에게 필요한 또 하나의 방법은 어휘의 활용 방식까지 익히는 것입니다. 단어의 유의어와 반의어, 관용 표현, 실제 쓰임새 등을 함께 공부해야 문장에서 적절하게 사용할 수 있습니다. 이를 위해 단어장을 단순히 암기용으로 만들기보다는 예문 중심, 비교 중심으로 구성해야 합니다. 또한 고등학생은 실제 글쓰기와 말하기에서 고급 어휘를 의식적으로 적용해야 합니다. 논술, 에세이, 발표 자료 작성

등을 통해 자신이 배운 어휘를 문장에 녹여내는 연습을 하면 효과적입니다. 마지막으로 수능이나 내신에 자주 출제되는 실전 어휘 문제 풀이를 통해 실전 감각을 키우는 것도 빼놓을 수 없습니다(예시 8, 9).

예시 8) 고등 과정 어휘 학습

고등 과정 어휘 학습 예

1. 문맥에 맞는 어휘 선택
※ 다음 글에서 밑줄 친 부분과 의미가 가장 가까운 단어를 고르시오.
"작가는 자신의 생각을 더욱 <u>명료하게</u> 전달하기 위해 다양한 수사법을 사용했다."
　① 모호하게 ② 분명하게 ③ 복잡하게 ④ 불분명하게

2. 어휘의 의미 파악 및 활용
※ 다음 문장에서 '역설'의 의미로 가장 적절한 것은?
"이 시는 역설적인 표현을 통해 인간 내면의 모순을 드러낸다."
　① 모순되어 보이나 진실을 담고 있는 표현
　② 직설적이고 명확한 표현
　③ 비유적이고 은유적인 표현
　④ 반복적이고 강조된 표현

3. 한자어 및 고급 어휘 해석
※ 다음 단어의 뜻으로 가장 알맞은 것은?
　'개연성'
① 사실일 가능성　② 반박할 근거　③ 의심스러운 점　④ 모순된 내용

4. 어휘 어원 및 어근 분석
※ '풍자'라는 단어의 뜻과 가장 관련 깊은 설명은?
① 사회나 인간의 결점을 간접적으로 비판하는 표현
② 아름다운 자연을 묘사하는 표현
③ 자신의 감정을 솔직하게 표현하는 것
④ 전통 문학에서 자주 쓰이는 찬양의 표현

---

5. 고등 모의고사 기출 문제[2021. 3월. 고등2 42번 변형]
※ 밑줄 친 단어가 ⓐ ~ ⓔ와 동음이의어인 것은?

<보기>
ⓐ 자연계에서는 동물들의 이타적 행동이 자주 **관찰**된다.
ⓑ 'c'는 이타적 행위자가 **감수**하는 손실을 의미한다.
ⓒ 이기적 사람들과 이타적 사람들이 공존할 경우 이타적 사람들이 자연히 **도태**될 수밖에 없다.
ⓓ 반복-상호성 가설은 혈연관계가 아닌 사람들 사이의 이타적 행동을 설명하는 데 **유용**하지만
ⓔ 식량을 구하거나 다른 집단과의 분쟁에 효과적으로 **대응**할 수 있기 때문에 생존할 확률이 높다.

---

① ⓐ : 형은 자신의 모습을 유심히 <u>관찰</u>하는 사람을 보고 놀랐다.
② ⓑ : 가뭄으로 물이 <u>감수</u>해서 못의 바닥이 다 드러났다.
③ ⓒ : 지난 시절 산업 주체였던 아버지 세대의 <u>도태</u>는 사회적 문제로 부각되고 있다.
④ ⓓ : 이 지역은 <u>유용</u> 광물의 산출량이 비교적 많다.
⑤ ⓔ : 막판에 밀린 우리는 주어진 상황에 적극적으로 <u>대응</u>하기 시작했다.

어휘가 문해력을 만든다

다음 두 문장을 보겠습니다.

"그는 커피를 쏟아서 걸레로 닦았다."

"그녀는 커피를 쏟아서 빗자루로 쓸었다."

이 두 문장에서 '커피'는 다르게 해석해야 합니다. '걸레로 닦았다'라는 문장을 통해 첫 번째 문장에서의 커피는 액체임을 알 수 있습니다. 마찬가지로 두 번째 문장에서도 '빗자루로 쓸었다'라는 서술어를 통해 커피가 고체라는 것을 알아야 합니다. 이처럼 어휘는 문장 안에서의 쓰임에 따라 같은 단어를 지칭할 수도 다른 의미로 쓰일 수도 있습니다.

어휘력은 단어의 의미를 알고 정확하게 사용할 수 있는 능력을 말합니다. 이 능력은 단순히 단어를 많이 아는 것뿐 아니라 그 단어를 문맥에서 어떻게 해석하는지도 포함됩니다. 그래서 어휘력이 있어야 제대로 글을 읽을 수 있습니다. 글을 읽고 내용 파악이 잘 안 되는 학생들 중에는 어휘력이 약한 친구들이 많습니다. 문맥에 쓰인 단어를 잘못 이해하여 문장 전체의 의미를 다르게 해석하는 학생들도 있습니다. 결국 기본적인 단어 이해 부족이 독해 실패를 부른 것입니다. 그러니 어휘력이 약한 학생들은 글을 읽기는 하지만 글의 내용은 이해하지 못한 상태로 끝나기 쉽습니다.

어휘와 독해력은 상호 보완적인 관계입니다. 어휘력이 높으면 독해가 수월하고 독해 경험이 많을수록 새로운 어휘에 반복적으로 노출되어 어휘력이 증가하는 이중 강화 효과가 나타납니다. 많은 교육 연구에서 어휘력은 독해력 향상을 위한 가장 중요한 요소라고 합니다. 특히 초등~중등 시기에는 어휘 학습이 독해력 성장을 크게 좌우합니다. 독해력은 글의 전체 맥락과 구조를 이해하고 정보를 추론하며 비판적으로 사고하는 능력입니다. 문장과 문단 글 전체를 종합적으로 파악할 수 있어야 독해가 가능하기 때문입니다.

이때 다양하고 정확한 어휘력은 바른 독해의 열쇠가 됩니다. 글 속의 단어를 올바르게 사용해야 문장의 의미 관계를 파악할 수 있고 글 전체의 내용을 이해할 수 있기 때문입니다. 단어 하나를 모르면 문장 전체가 모호하게 느껴지고 결국 문단 전체의 뜻을 놓치게 되어 답을 찾을 수 없습니다. 이는 학습력 저하로 연결될 수밖에 없습니다.

이처럼 독해 경험이 어휘 학습에 기여하고 어휘는 독해 학습에 바탕이 됩니다. 학생들은 글을 읽고 교과목을 학습합니다. 그런데 각 교과목에서 나오는 낯선 개념어나 용어를 이해하지 못하면 독해가 안 됩니다. 그러면 글에서 말하고 있는 내용을 제대로 알지 못해 학습을 따라가지 못합니다. 그뿐만 아니라 글의 숨은 의미나 암시, 필자의 의도를 추론할 수도 없습니다. 결국 정보를 이해하여 비판하고 새로운 의미를 만들어 내는 종합적인 능력인 문해력을 기를 수 없습니다. 그래서 어휘가 학습의 바탕이 되며 사회적 소통과 논리적 사고의 기초가 되는 것입니다.

어휘력은 단기간에 향상되지 않습니다. 꾸준한 독서를 하며 어휘를 체계적으로 정리하고 반복적으로 생활 속에서 활용해야 합니다. 중요한 것은 자신에게 맞는 방식으로 단계적으로 접근하는 것입니다. 초등학생은 즐겁게, 중학생은 체계적으로, 고등학생은 깊이 있게 어휘력을 키워 나가야 합니다. 그리고 어휘가 단편적 암기 수준을 넘어 읽기 능력 향상을 위한 핵심 전략이 되도록 해야 합니다. 단순히 많은 단어를 아는 것(어휘 폭)뿐 아니라 각 단어의 정의, 유의어/반의어, 문맥적 쓰임을 깊이 이해하는 능력이 독해 성공의 핵심입니다. 이러한 심층적인 어휘 학습이 독해력을 길러 문해력으로 학생들의 사고를 확장할 수 있습니다.

3장

문해력에서 사고력, 생각하며 읽는 아이로

분석하는 읽기는 배움의 길을 밝히는 빛이 되어줍니다.

아이들은 언젠가 이 사실을 마주하게 될 것입니다.

암기만으로는 넘어설 수 없는 배움의 벽,

표면적인 읽기로는 이해되지 않는 복잡한 개념들,

그리고 스스로 해석하고 판단해야 할 문제들을 말입니다.

오로지 홀로 그 문제 앞에서 답을 찾아가야 합니다.

그때 아이의 앞을 비추는 것은 누군가 대신 읽어준 설명이

아니라 자신이 길러온 '분석의 힘'입니다.

문해력은 학습 능력의 날개다

고등학교에 올라가면 국어는 매우 전략적인 접근이 필요한 과목이 됩니다. 수능 국어는 문학, 비문학, 문법, 화법과 작문의 네 영역에서 출제됩니다. 짧은 시간 안에 긴 지문과 다양한 영역의 글을 읽고 정확하게 분석해야 합니다. 이 시기에는 기출문제 분석, 시간 관리 연습, 약점 유형 반복 훈련 등을 통해 실전 감각을 기르는 것이 핵심입니다. 하지만 이 모든 훈련도 탄탄한 독해력과 언어 감각이 뒷받침되어야만 효과를 발휘합니다. 그런데 의외로 읽은 글의 내용 파악을 어려워하는 학생들이 많습니다. 특히 글을 읽으면서 내용을 이해하지 못해 다시 읽기를 반복하는 경우도 있습니다. 이를 해결하기 위해서는 문해력을 키워야 합니다.

문해력은 단순히 글자를 읽는 능력이 아닙니다. 그것은 글의 의미를 정확히 이해하고 글쓴이의 의도와 맥락을 파악하며 읽는 것입니다. 나아가 구체적인 상황에 적용해 해석하는 능력입니다. 문해력이 부족하면 복잡한 정보를 이해하기 어렵습니다. 그래서 정보를 많이 제공하는 지문에서 정보 간의 연결성을 바탕으로 적용하는 문제를 해결하지 못합니다. 핵심 내용을 이해하지 못해 비판적으로 수용하는 데 어려움을 겪습니다. 문해력이 부족하면 문제의 유형이 조금만 바뀌어도 답을 찾아내지 못합니다. 한마디로 응용력이 없어 많은 시간 공부하지만 성적은 오르지 않습니다.

결국 문해력이 약한 아이는 학습 내용을 암기 위주로 접근하게 됩니다. 글의 맥락이나 논리를 이해하지 못하니 단순한 외우기로 버텨야 하는 것입니다. 그러나 이런 학습은 시험 후 쉽게 잊히고 개념 간 연결도 이루어지지 않아 지속적인 학습 성장이 어렵습니다. 반면 문해력이 갖춰진 아이는 개념을 정확히 이해하고 자신의 언어로 정리할 수 있어 깊이 있는 학습이 가능합니다. 당연히 이는 장기적인 학습 능력의 차이로 이어질 것입니다.

이 문해력이 국어 과목뿐만 아니라 전 교과에 영향을 준다는 사실을 알아야 합니다. 수학이 어렵다고 말하는 아이들은 문제를 이해하는 말이나 지시어, 질문의 문장 자체를 이해하지 못하는 경우가 많습니다. 수학을 못 하는 것이 아니라 '읽고 이해하는 힘'이 조금 부족했을 뿐이었습니다. 과학의 개념을 이해하려면 설명을 읽을 줄 알아야 하고 역사의 흐름을 파악하려면 사건의 관계를 읽어낼 줄 알아야 합니다. 결국 문해력이 없이는 어떤 교과도 제대로 진입할 수 없습니다.

문해력이 있는 아이는 정보를 더 정확히 받아들이고 스스로 연결하고 끝내는 자기 힘으로 학습을 이끌어갈 수 있습니다. 문해력이 있어야 아이의 배움은 단순 암기를 넘어서 이해와 확장의 영역으로 들어설 수 있고, 문해력이 있는 아이는 모든 교과를 넘나들며 자신만의 의미망을 만드는 융합적 학습으로 나아갑니다.

그렇다면 어떻게 문해력을 키울 수 있을까요? 결론은 무엇을 얼마나 많이 읽느냐가 아니라 어떻게 읽느냐가 중요합니다.

추론하며 읽기, 생각하는 독서의 핵심

　추론은 글에 직접적으로 드러나지 않은 의미를 간접적인 단서로 유추하는 과정입니다. 이 때문에 문맥의 흐름을 모르면 추론이 어렵습니다. 이 과정에는 반드시 문맥의 흐름, 즉 글의 전개 방식, 논리 연결, 어조 변화, 암시된 의도 등을 이해하는 능력이 필요합니다. 문맥은 단서들의 '배경'입니다. 추론 문제는 글 속에 암시된 정보(생략된 의미, 함축, 논리적 귀결)를 찾아내야 합니다. 이때 문맥의 흐름이 배경이 되어줘야 단어와 문장의 숨은 의미를 해석할 수 있습니다. 추론은 퍼즐을 맞추는 것입니다.

　문맥의 흐름은 퍼즐 조각들의 테두리나 배경 역할을 하고 이게 없으면 퍼즐 조각 하나하나가 어디에 들어가는지 모릅니다. 그래서 문맥을 이해하지 못하면 이 흐름이 '뜬금없는 정보 조각'처럼 느껴지고 전체 의미를 잇는 논리적 연결고리를 잡을 수 없습니다. 당연히 문맥의 흐름이 끊겨 앞뒤 연결을 못 해 논리적 추론이 불가능합니다.

　문맥의 흐름을 파악했으면 '맥락 안의 의미 해석'을 해야 합니다. 추론 문제는 단순한 사실 확인이 아니라 글쓴이의 의도, 감정, 함축된 의미, 결론 도출 등을 요구합니다. 이 모든 것은 글 전체의 흐름과 맥락을 바탕으로 해석해야 합니다. 그래서 문맥의 흐름을 잡지 못하면 추론은 '감에 의존한 선택'이 되어 틀릴 확률이 높습니다.

문해력의 핵심인 추론 능력을 키우기 위해서는 깊이 있게 읽어야 합니다. 문해력은 속독이 아니라 정독에서 생깁니다. 글의 문맥을 알고 문장이 글 전체에서 어떤 의미로 쓰였는지 해석해야 합니다. 이렇게 글의 구조와 문맥을 이해하려 노력할 때 비로소 글은 내 것이 됩니다. 특히 문학 작품이나 인문학 서적처럼 추상적이고 함축적인 내용을 담고 있는 글일수록 빠르게 읽으려 하지 말아야 합니다. 천천히 글의 분위기와 어휘의 뉘앙스를 음미하며 읽어야 합니다.

[지문 예제]

민재는 평소와 달리 오늘 아침 일찍 등교했다. 복도에서 마주친 선생님이 "오늘은 웬일이니?" 하고 묻자 민재는 멋쩍게 웃으며 고개를 돌렸다. 교실 창가에 앉아 있던 민재는 계속 시계를 바라보며 창밖을 주시했다. 쉬는 시간이 되자, 그는 급하게 뭔가를 꺼내 교문 쪽으로 향했다.

※ 민재의 행동에 대한 가장 적절한 추론은 무엇일까요?

A. 민재는 시험 때문에 긴장하고 있었다.

B. 민재는 친구를 만나기 위해 일찍 온 것이다.

C. 민재는 평소보다 일찍 일어나 기분이 좋았다.

D. 민재는 선생님과 약속이 있어서 서두른 것이다.

이 질문의 답을 찾기 위해서는 문맥들에서 주는 의미를 해석해야 합니다. 우선 "평소와 달리 오늘 아침 일찍 등교했다"에는 평소와 다른 행동을 하고 있다는 의미가 있고, 이것은 오늘이 평소와는 다른 날이라는 말입니다. 두 번째 "멋쩍게 웃으며 고개를 돌렸다"는 문장에서는 민재가 어떤 의도를 숨기거나 감춘 듯한 행동을 하고 있다는 뜻입니다. 그리고 다음의 민재의 행동을 보면 "계속 시계를 보고 창밖을 주시"합니다. 이는 누군가를 기다리는 듯한 행동임을 추론할 수 있습니다. 끝으로 "교문 쪽으로 향함"은 도착하는 누군가를 마중 가는 행위입니다. 이런 일련의 내용을 보면 글에 명시되진 않았지만 민재는 특정 인물을 기다리고 있었고, 그 인물을 맞이하기 위해 일찍 등교한 것으로 해석할 수 있습니다. 그래서 추론 정답은 B입니다.

　이런 식의 지문→단서 읽기→숨은 의미 찾기 훈련을 반복하면 추론 능력이 눈에 띄게 향상됩니다. 이 추론 능력을 키워야 문해력도 향상됩니다. 결국 고등학생이 되어 국어 공부를 열심히 공부했는데 성적이 안 오르는 건 '양'의 문제가 아니라 '질'의 문제일 가능성이 큽니다.

분석적 읽기, 배움의 어둠을 밝히는 빛

의외로 글을 제대로 읽는 연습이 되어 있지 않은 아이들이 많습니다. 그러나 읽기도 훈련입니다. 평소에 운동으로 근육을 만들 듯 읽기도 독해도 근육을 만들어야 합니다. 평소 SNS나 웹툰만 주로 보던 아이들은 갑자기 독후감 숙제로 300페이지의 소설을 읽으라고 하면 못 읽습니다. 책장을 넘기는 손은 바쁘고 눈은 문장을 따라 움직입니다. 하지만 아이의 머릿속은 여전히 복잡합니다. 문장은 읽었지만 의미가 남아 있지 않습니다. 무언가 놓치고 있다는 생각은 하는데 무엇을 놓쳤는지는 알 수 없는 혼란 상태에 빠져있기 때문입니다. 더 많은 문제집을 풀고 빠른 독해법을 배운다고 해결될 문제가 아닙니다.

이는 바로 '분석적 읽기'를 제대로 배우지 못해서 생긴 문제입니다. '분석적 읽기'란 글 속에 담긴 구조와 의미를 꿰뚫어 보는 것입니다. 문단과 문단 사이의 연결, 글쓴이의 의도, 문장 속 감춰진 논리까지 하나하나 해석하고 이해하며 글을 스스로 재구성하는 과정입니다. 이러한 읽기는 글을 보는 눈을 다르게 만들고 배움의 깊이를 완전히 바꿔 놓습니다. 분석적으로 읽는 아이는 질문 앞에서 당황하지 않습니다. 문제를 풀기 전에 문제를 해석할 수 있기 때문입니다. 수학의 낯선 상황 문제도 과학의 복잡한 개념도 그 아이에겐 읽고 구조화하는 훈련의 연장일 뿐입니다. 그래서 분석은 사고의 뿌리이자 학습의 방향이 됩니다.

　분석하며 글을 읽는다는 것은 훈련이기에 처음에는 더디고 시간을 투자한 만큼 성과가 빠르게 보이지도 않습니다. 더구나 자신이 그동안 해오던 잘못된 독해법이 익숙한 경우에는 성적으로 연결되는 데 시간이 더 오래 걸립니다. 하지만 글을 분석하는 독해법은 반드시 익히고 자신의 것으로 만들어야 합니다. 단지 국어 과목만을 위한 것이 아닙니다. 이것이 바로 모든 교과 성적을 향상시킬 수 있는 지름길이기 때문입니다.

　그렇다면 분석하는 읽기는 어떻게 해야 할까요?

📖 문해력 향상을 위한 문학 독해법

　학생들이 고등 과정에 올라가서 어려워하는 것은 시입니다. 배운 작품도 문제에서 다른 작품과 연계해서 화자의 태도나 상황에 대해 물어보면 답을 찾지 못하는 경우가 많습니다. 그 결과 낯선 작품을 접하면 시간만 뺏기고 문제는 틀리게 됩니다. 이는 대개 잘못된 공부 방법 때문입니다. 교과서에 실린 작품을 암기 위주로 학습해 온 학생들은 스스로 분석할 줄 아는 힘을 기르지 못한 탓에 어떻게 접근해야 하는지 모릅니다. 그래서 틀린 문제는 작품 해설을 읽고 암기하고자 합니다. 무작정 많은 문제를 풉니다. 그러나 이렇게 많은 작품을 공부했는데도 시에서 꼭 틀리고 시를 만나면 두렵다고까지 합니다.

　내신은 물론이고 수능 시험에서 시는 학교에서 배운 국어 교과서나 문학 교과서에 실리지 않은 작품이 출제되기도 합니다. 수능을 준비하기 위해 100 여종이 넘는 시를 공부하지만 이 시를 모두 암기한다는 것은 정말 어려운 일입니다. 그러니 시험 때마다 새로운 작품을 접하는 느낌이 드는 것 학생들에게 당연할 수도 있습니다. 이 문제를 해결하기 위해서는 운문은 운문(현대시, 고전시, 가사 등)대로, 산문은 산문(현대소설, 고전소설, 수필 등)대로 분석하는 방법을 익혀야 합니다. 바로 제대로 된 공부 방법을 염두에 두고 학습해야 합니다.

다음은 운문을 읽을 때 분석하는 방법입니다. 이는 현대시, 고전시 모두 해당합니다.

시를 분석하기 위해서는 먼저 시의 제목을 살펴야 합니다.

시의 제목은 시적 대상이거나 중심 소재인 경우가 많습니다. 특히 제목이 문장으로 제시된 경우에는 시적 상황을 나타내는 경우가 많기 때문에 제목을 먼저 살펴보면 시 분석의 첫 단추를 잘 끼울 수 있습니다. 다음 시에서도 제목인 〈접동새〉는 시의 대상이고 시의 중심축인 '한(恨)의 표상'이 됩니다.

두 번째로 화자나 대상이 처한 상황에 주목해야 합니다.

시인은 특정 상황을 설정하여 그 상황에서 나타나는 화자의 정서나 태도를 통해 주제를 나타냅니다. 이 시에서도 대상이 '접동새'이니 접동새가 처한 상황에 주목할 필요가 있습니다. '의붓어미의 시샘에 죽었습니다', '우리 누나는 죽어서 접동새가 되었습니다'라는 시구를 보면 죽은 누나의 환생이 접동새임을 알 수 있습니다.

접동/ 접동/ 아우래비 접동

진두강 가람 가에 살던 누나는

진두강 앞마을에 와서 웁니다.

옛날, 우리나라/ 먼 뒤쪽의

진두강 가람 가에 살던 누나는

의붓어미 시샘에 죽었습니다.

누나라고 불러 보랴.

오오 불설워

시새움에 몸이 죽은 우리 누나는

죽어서 접동새가 되었습니다.

아홉이나 남아 되던 오랩동생을

죽어서도 못 잊어 차마 못 잊어

야삼경(야삼경) 남 다 자는 밤이 깊으면

이 산 저 산 옮아가며 슬피 웁니다.

−김소월, 〈접동새〉

세 번째로 화자나 대상의 반응을 살펴야 합니다.

시에 화자의 정서가 직접 표출되는 경우도 있으나 앞뒤 구절을 통해 추론해야 할 때도 있습니다. 이 시에서 보면 시적 대상인 접동새가 의붓어미의 시샘으로 죽은 상황에서 '아홉이나 남아 되던 오랩동생을 죽어서도 못 잊어 차마 못 잊어', '이 산 저 산 옮아가며 슬피 웁니다.'로 볼 때 누나의 슬픔과 그리움을 알 수 있습니다. '우리 누나'는 죽었기 때문에 남동생들을 더 이상 만날 수 없으니 미련을 버려야 하는데 그 미련을 끊어내지 못하고 있습니다. 체념해야 할 상황에서 미련을 버리지 못하는 한 맺힌 상황이 전개되는 것입니다. 시적 화자는 이 상황에 대해 '오오 불설워'라고 정서를 직접 표출하고 있습니다.

이렇게 스스로 시적 상황과 화자의 태도와 정서를 찾아보고 연결해 보는 연습을 해야 합니다. 처음 보는 작품에 대한 분석이 어렵겠지만 이는 분석하는 훈련이 되어 독해의 힘이 될 것입니다.

또한 운문 문학의 분석력을 키우기 위해서는 문학적 개념어에 대한 정확한 이해가 필요합니다.

시는 함축적인 시어를 사용하여 짧은 글 속에 시인이 느낀 정서와 생각을 담아냅니다. 그렇기 때문에 다양한 표현법을 사용합니다. 시의 전개 방식도 시인의 의도에 의해 꾸며집니다. 결국 문학적 개념어에 대한 이해는 시의 내용 파악에 매우 중요합니다. 중등 내신부터 수능까지 반드시 출제되는 문제 유형입니다. '선경후정의 방식으로 화의 정서를 고조시키고 있다'라는 선지가 출제되는 경우 '선경후정'이라는 개념을 모르면 정확한 답을 찾아내기 어렵습니다. "문학을 분석할 때는 기초를 다져야 한다, 개념을 정확히 알아야 한다"라는 말을 흔히들 하는데 이 말은 곧 문학적 개념어를 정확히 알아야 한다는 뜻입니다.

시 분석과 적용 문제

시 분석 단계	적용 활동
작품의 제목을 보며 화자의 위치와 내용을 짐작해 보기	시의 제목이 〈접동새〉이니 화자가 접동새를 보고 무엇을 떠올리거나 시적 대상이 접동새일 거라고 짐작할 수 있다.
모르는 시어의 뜻을 찾아보기	● 접동새: 두견이, 뻐꾸기과, 한국 민속 설화에서 계모의 구박으로 억울하게 죽은 처녀가 환생한 새로 밤에만 울며 동생들을 그리워하는 상징적 존재 ● 가람: 순우리말, '강'의 옛말 ● 불설워: 몹시 서럽다 ● 오랩동생: 여자가 자기 남동생을 일컫던 말
시적 대상을 찾고 그 속성을 파악하기	접동새: 두견새를 이르는 말로, 주로 민족의 전통적 정서인 '한(恨)'의 표상이다.
화자의 상황과 태도 찾기	① 1연에서 접동새를 말하며 '진두강 가람가에 살던 누나는 ～ 와서 웁니다.'라는 부분을 통해 접동새가 화자가 아님을 알 수 있다. 그리고 접동새가 누나로 환생했음을 알 수 있다. ② 2연에서 접동새로 환생한 누나의 울음을 들은 뒤, 3연에서 바로 '누나'의 죽음을 떠올리고 있다. ③ 3연에서는 '의붓어미 시샘에 죽었습니다.'를 통해 누나와 관련된 사연이 제시되고 있다. ④ 4연에서는 '불설워'라는 시어를 통해 '누나'에 대한 화자의 정서를 직접적으로 제시하고 있다. ⑤ 특히 4연에서는 '우리'라는 시어를 통해 화자와 '누나'와의 관계가 강조되고 있다.
시에서 말하고자 하는 주제 가늠하기	접동새가 된 누이의 한(恨)과 슬픔을 통해 우리 민족의 보편적이고 전형적인 정서인 한(恨)을 나타내고 있다.
시에 쓰인 표현법 체크하기	애상적 어조를 통해 비극적인 분위기를 드러내고 있다. 행의 길이에 변화를 주어 리듬의 완급을 조절하고 있다.

📖 문학 독해법 – 고전 古傳 문학, 고전 苦戰 하지 않는 분석법

고전문학을 어려워하는 학생들 대다수는 어휘 때문입니다. 현대에서 잘 쓰지 않는 단어와 한자어가 자주 등장하는 고전문학은 학생들에게 너무 낯설게 느껴질 뿐만 아니라 읽어도 독해가 되지 않는다고 합니다. 고전 어휘가 독해력과 독해 속도에 걸림돌이 되어 실제로 고전소설에 취약한 학생들은 대부분 시간 부족을 호소합니다. 안타까운 것은 열심히 공부했는데도 성적이 오르지 않는다는 것입니다. 그야말로 고전(古傳)에서 고전(苦戰)하고 있는 것입니다.

그런데 고전문학에서 승전(勝戰)할 수 있는 방법은 의외로 쉽습니다.

첫째, 고전문학은 어휘를 제대로 학습하면 오히려 쉽게 성적을 낼 수 있습니다.

수능에서 고전문학은 문학사적으로 중요한 역할을 한 작품들이 주로 출제됩니다. 그러므로 자주 출제되었던 작품들에 쓰인 어휘나 어구들을 학습해 두면 많은 도움이 됩니다. 고전문학에서 쓰인 어휘나 어구들은 다른 작품에서도 그대로 사용합니다. 그러니 처음 접하는 낯선 작품도 쉽게 해석할 수 있습니다. 고전(古傳)문학에 고전(苦戰)하지 않고 잘 분석하기 위해서는 어휘를 꼼꼼하게 학습하면 됩니다.

둘째, 고전문학에서 특히 소설은 내용만 잘 이해해도 문제가 쉽게 풀립니다.

이때 주의할 것은 지문을 제대로 읽어야 한다는 것입니다. 대개 잘 알려진 작품이면 지문의 내용을 대강 아는 흐름으로 문제를 푸는 경우가 있습니다. 이렇게 하면 문제를 많이 풀어도 다른 문제 유형이나 작품에 적용되지 않아 실력으로 쌓이지 않게 됩니다.

다음 예문은 고등 2학년 모의고사에 출제되었던 것입니다.

지문에 보면 '이때 원수가 장안으로 가 호왕을 찾으나 호왕은 없고'라는 부분이 나오고 '이제 호왕이 나를 치우고 우리 대군을 범하고자 함이니 나는 필마로 가서'라는 부분이 나옵니다. 그렇다면 대성은 장안에 도착한 후에 자신이 속았음을 알았기에 답은 ④인데 ⑤를 답한 학생들이 있었습니다. 이는 〈소대성전〉이 그동안 자주 출제되었고, 다음 27번 〈보기〉 부분에서 '지배 계층의 무능과 대비를 이룬다'라는 설명을 보고 천자에 대한 편견으로 접근했기 때문입니다. 그러므로 줄거리를 아는 작품이어도 정답과 오답의 근거는 반드시 지문에서 찾는 연습을 해야 합니다.

셋째, 고전문학에서 내용을 잘 파악하기 위해서는 등장인물에 표시하고 인물 관계도를 그리며 읽는 연습을 해야 합니다.

고전소설에서는 같은 인물에 대해 다양한 호칭을 사용합니다. 예를 들어 소대성을 대원수라고도 하고 원수라고도 하고 천자 앞에서는 소장이나 소신이라고 낮추어 표현하기도 합니다. 부모 앞에서 소자라고 표현하는 식입니다. 그러므로 인물에 표시를 하며 읽으면 내용을 이해하는 데 도움이 됩니다.

고전소설 읽기 & 문제풀이 전략

단계	방법	구제척 전략
배경 이해	시대적 · 문화적 배경 파악	조선 시대 유교적 가치관, 신분제, 가족 윤리, 권선징악 사상 등을 기본적으로 숙지
구조 파악	이야기 전개 방식 확인	발단–전개–위기–절정–결말 구조를 중심으로 사건이 어떻게 흘러가는지 메모 (문제에 출제된 지문 부분이 어디에 해당하는지 주의해서 살펴보기)
인물 분석	주요 인물의 성격 · 역할 정리	인물 간 관계, 말과 행동, 인물의 상징적 의미(예: 충신, 효자, 열녀 등) 파악 – 인물들 간의 관계와 그들 간에 발생하는 복잡한 사건들을 갈등 관계 위주로 관계도 그려 활용하기
주제 탐구	작품이 전하려는 핵심 외에 찾기	권선징악, 효 · 충, 풍자 · 비판, 사랑과 의리 등 주제 키워드 정리
표현 기법	문학적 장치 파악	대화체 · 전기체 · 풍유록 구조, 서술자의 개입, 반복 · 대조적 표현 등 확인 – 문제에서 물어보면 바로 풀기
문제 유형별 풀이	독해 + 문제 적용	– 줄거리: 사건 순서 맞추기 – 인물: 성격/행동 이유 파악 – 주제: 교훈, 풍자 의미 찾기 – 표현: 상징, 관용적 표현 해석
정리 & 알기	핵심 정리 & 어휘 정리	주요 고전 소설의 대표 주제와 인물 유형을 정리한 요약 노트 제작 & 주요 어휘 정리

생소한 어휘들로 가득한 긴 글의 지문을 읽고 문제를 풀려면 시간이 부족합니다. 빠르게 읽을 수밖에 없습니다. 그런데 빠르게 읽는다는 것이 사실은 건너뛰거나 대충 훑는 것일 수도 있습니다. 그렇게 되면 문제를 풀 때 글의 정확한 뜻과 의도를 착각합니다. 그리고 문제의 요구 조건을 정확히 안 읽고 질문 자체를 빨리 넘겨버립니다.

이 경우에는 글에 명시되지 않은 자신의 생각이 들어가 '아마 이거겠지' 하고 고르는 선택지 추측형 독해로 이어집니다. 이것은 추론이 아닙니다. 앞서 밝혔듯이 추론은 지문의 정확한 이해를 바탕으로 합니다. 이런 경우 "적절하지 않은 것은?" 같은 부정 지시어를 놓쳐 실수를 합니다. 빠르게 글을 읽었는데도 문제를 자주 틀리는 이유는 속도와 이해력의 균형이 무너졌기 때문입니다. 겉보기에는 '읽었다'고 느끼지만 실제로는 핵심 내용 파악이나 사고 과정이 생략된 경우가 많습니다.

아이들이 표면적인 독해(피상적 읽기)를 하는 경우가 그렇습니다. 글자의 흐름은 좇아갔지만, 내용을 깊이 생각하거나 정리하지 않고 읽기 때문에 문제에서 묻는 '글쓴이의 의도', '추론', '적절한 내용' 등을 놓치게 됩니다. 그리고 문제를 먼저 보고 지문을 대충 스캔하며 푸는 전략은 때론 유용하지만 내용 구조를 놓치기 쉽습니다. 특히 복합적인 질문(예: 내용 일치, 주장 파악)은 지문 전체의 흐름을 이해하는 게 필수입니다.

핵심어 · 논리 구조 파악이 미흡한 경우에도 빠르게 읽다 보면 중심 문장이나 전환어(예: 그러나, 따라서, 반면에)를 놓쳐서 문제를 틀립니다. 왜냐하면 글의 결론이나 전환점에서 바른 독해가 이루어지지 않았기 때문입니다.

그러면 어떻게 읽어야 실수를 반복하지 않고 짧은 시간에 정확한 답을 찾아낼 수 있을까요?

첫째, 끊어 읽기 연습을 해야 합니다.

끊어 읽기는 문장의 호흡으로 글쓴이의 생각을 따라가는 것입니다. 책을 펼치고 글을 읽는 그 순간 아이들은 종종 '얼마나 빨리 읽기'에 집중합니다. 물론 빨리 읽는 능력이 있으면 제한된 시간에 문제를 풀어내기에 유리합니다. 하지만 간혹 줄을 따라 내려가며 빠르게 읽는 것이 핵심이라고 착각합니다.

그러나 진짜 읽기는 속도가 아니라 깊이의 문제입니다. 글은 단순히 정보의 나열이 아닙니다. 문장마다 쉼표마다 마침표마다 글쓴이의 의도가 담겨 있습니다. 끊어 읽기를 한다는 것은 문장의 멈춤에 귀 기울이는 일입니다. 생각의 덩어리를 나누고 글의 흐름을 따라가며 그 속에 담긴 의도와 감정을 파악하고 구조를 보아야 합니다. 그리고 문장이 어떻게 쌓이고 생각이 어떻게 연결되는지를 이해해야 합니다.

다음 예시는 잘못된 부분을 찾으라는 질문이었습니다. 이 문제를 해결하기 위해서는 끊어 읽기를 통해 주어와 서술어의 관계를 파악할 수 있어야 합니다.

㉠ 문장에서 잘못된 부분을 찾아 고치려면 먼저 전체 문장의 주어와 서술어의 관계를 파악해야 합니다. ㉠ 문장의 전체 주어는 '우리 모두'입니다. '우리 모두'가 시민들의 편의성을 높이기 위해 노력해야 한다는 것이 핵심이므로 이 글에서는 '시민들' 뒤에 쓰인 조사가 부적절하게 사용되었음을 알아야 합니다. 이처럼 끊어 읽기를 통해 아이는 주어와 서술어, 핵심어와 수식어, 원인과 결과를 구분하는 연습을 해야 합니다. 문장 구조가 복잡해질수록 어떻게 끊어 읽느냐는 더 중요해집니다. 우리말에서는 "어머니가 죽을 드신다."와 "어머니 가죽을 드신다."처럼 의미의 차이가 확연히 다르기 때문입니다. 이러한 구분은 문장의 흐름을 눈이 아니라 머리로 읽게 만듭니다. 끊어 읽기는 글을 '그냥 따라가는 것'에서 '생각하며 해석하는 것'으로 바꾸는 전환점이 됩니다.

둘째, 글의 논리 구조 파악이 미흡할 때는 접속어를 표시하며 읽는 연습을 해야 합니다.

'그러나/따라서/예를 들어' 등 문장에서는 글의 흐름에 맞게 담화 표지어를 제시합니다. 담화 표지어란 텍스트의 내용과 구조를 알려주는 단어를 말합니다. 그러나 읽기에 미숙한 학생들은 이런 표지어를 놓치는 경우가 많습니다. 담화 표지어는 학생으로 하여금 집중해서 읽어야 할 부분을 알려주고 있다는 사실을 꼭 명심해야 합니다. 이 부분을 흘려 읽게 되면 글의 핵심 내용을 파악하지 못해 문제를 틀립니다. 특히 문제에서 부정 표현('~않은', '옳지 않은')은 반드시 체크하는 훈련이 필요합니다. 대다수 학생들이 문제를 잘못 읽어 틀리는 경우가 많은데 표시하는 훈련만으로도 크게 개선될 수 있습니다.

내용의 열거를 나타내는 담화 표지: 첫째, 둘째, 셋째

예시를 나타내는 담화 표지: 예를 들어, 예컨대, 가령

내용을 마무리하는 담화 표지: 마지막으로, 정리하자면, 요약하자면

셋째, 자신만의 부호를 이용해서 핵심 내용에 체크를 하며 읽어야 합니다.

각 문단의 중심 문장을 찾아 밑줄 긋고 각 문단이 어떤 역할을 하는지 살피며 읽어야 합니다. 도입(서론) – 설명(본론) – 정리(결론) 구조를 확인하고, 문단 간의 관계가 나열인지에 따라 중요도를 파악해야 합니다. 그래야 핵심 내용을 추려낼 수 있습니다. 또한 인과에 있을 경우 원인과 결과를 명확히 알아야 문제를 풀 때 실수하지 않습니다. 결국 문단의 구성과 관계를 알고 있어야 글에서 말하고자 하는 의도 파악도 빠르게 분석해 낼 수 있습니다.

넷째, 책이나 지문을 읽은 후 3줄 요약하기를 연습해야 합니다.

글의 주제 주장 근거를 메모하는 연습을 하면 글 전체의 맥락을 파악할 수 있습니다. 다른 상황이나 사례로 바꿔보거나 등장한 개념을 도식화해서 정리하면 문제를 풀 때 시간을 절약할 수 있습니다. 마인드맵이나 표로 정리해보는 훈련은 고등 모의고사에서 구체적 사례에 적용하는 문제를 풀 때 많은 도움이 됩니다.

특히 긴 글일수록 머릿속에서 요약하며 읽는 능력이 필요합니다. 그저 글자만 따라 읽는 수동적 읽기로는 이런 능력을 키울 수 없습니다. 특히 수동적 읽기로는 추론 능력을 기를 수 없습니다.

그런데 양이온성 지질은 실험실 환경에서는 mRNA를 세포 내로 진입시키는 데 도움이 되지만 체내에서는 양이온성 지질에 ⓐ**혈장 단백질이 흡착되어 mRNA의 세포막 투과가 제한된다.** 따라서 용액의 pH에 따라 양이온성이 달라지는 ⓑ**이온화 지질을 지질 나노입자의 재료로 사용한다.**

위의 예시를 보면 'ⓐ는 음전하를 띠는 반면 ⓑ는 주변에 분포하는 수소 이온의 양에 따라 이온화의 정도가 변화한다'라는 선지가 나왔을 때 ⓐ가 음전하라는 명시는 없지만 "양이온성 지질에 흡착되어"라는 부분을 통해 음전하라는 사실을 추론할 수 있어야 합니다. 이러한 추론 문제를 풀 수 있어야 고득점을 할 수 있습니다.

중요한 것은 분석적 읽기는 타고나는 능력이 아니라는 것입니다. 정해진 방법과 훈련을 통해 누구나 기를 수 있는 힘입니다. 이 과정을 통해 아이는 단순히 글을 '보는' 사람이 아니라 글을 이해하고 해석할 줄 아는 배움의 주체가 됩니다.

분석하는 읽기는 배움의 길을 밝히는 빛이 되어줄 것입니다. 아이들은 언젠가 마주하게 될 것입니다. 암기만으로는 넘어설 수 없는 배움의 벽, 표면적인 읽기로는 이해되지 않는 복잡한 개념들, 그리고 스스로 해석하고 판단해야 할 문제들을 말입니다. 오로지 홀로 그 문제 앞에서 답을 찾아가야 합니다. 그때 아이의 앞을 비추는 것은 누군가 대신 읽어준 설명이 아니라 자신이 길러온 '분석의 힘'입니다. 그 힘이 아이를 외우는 아이에서 이해하는 아이로, 따라가는 아이에서 주도하는 아이로 만들어 줄 것입니다. 그리고 결국은 주체적으로 빛을 따라 걸으며 자신만의 배움의 길을 만들어가는 아이로 자라게 할 것입니다.

📖 성실히? 공부한 국어 점수의 배신이 상처가 된다

"선생님, 국어 이번에 전교 3등 했어요!" 참 반가운 소식을 전해온 고등학생이 있었습니다. 처음 국어 공부를 시작할 때는 모르는 말이 많아 수업을 이해할 수 없다며 울었던 학생이었습니다. 성실한 학생이었고 어렵지만 개념부터 차근차근 학습을 진행했던 경우였습니다. 그러나 열심히 국어 공부를 했는데도 성적이 오르지 않는 경우가 많습니다. 단순히 '시간을 많이 투자했다'는 것이 꼭 '효과적인 공부'였다는 뜻은 아니기 때문입니다.

우리나라 초·중·고등학생들의 국어 성적 분포에 대한 공식 통계는 제한적이지만, 일부 신뢰할 수 있는 평가 결과를 통해 학생들의 국어 학업 성취 수준을 파악할 수 있습니다. 한국교육과정평가원이 실시한 2019년 국가수준 학업성취도 평가에 따르면, 고등학교 2학년 학생들의 국어 성적 분포는 다음과 같습니다.

우수학력(4수준)	28.8%	
보통학력(3수준)	48.7%	전국 234개 고등학교
기초학력(2수준)	18.5%	11,557명 대상
노력요망(1수준)	4.0%	

2020년 평가에서는 국어 과목의 기초학력 미달 비율이 10년 새 최고치를 기록하며, 상위권 학생들의 학력 또한 하락한 것으로 나타났습니다. 특히 국어 교과의 학력 저하가 두드러졌습니다.

이러한 결과를 종합하면, 고등학생들의 국어 성적은 대체로 보통학력 수준에 집중되어 있으며, 기초학력 미달 학생 비율이 증가하는 추세를 보이고 있습니다. 이는 국어 교육의 질적 향상과 학생들의 독해력, 추론 능력 강화가 필요함을 시사합니다. 국어 성적이 오르지 않는 이유는 여러 가지가 있을 수 있습니다. 국어는 단순히 암기하는 과목이 아니며, 이해력과 분석력, 추론 능력을 기르는 것이 중요합니다.

문제를 풀 때 본문의 흐름이나 핵심 내용을 이해하지 못하면 틀리기 쉽습니다. 비문학 문제는 단순한 사실을 묻는 것이 아니라, 글의 논리적 흐름과 추론을 요구하는 경우가 많습니다. 이 부분에서 논리적 사고나 글의 의도를 파악하는 데 어려움을 겪을 수 있습니다. 그런데 대다수의 학생들이 문제만 많이 풀면 성적이 나올 것이라고 생각합니다. 하지만 그렇게 해서는 성적이 나오지 않습니다. 당연히 열심히 했는데도 결과가 좋지 않습니다. 그래서 상처를 받습니다. 그리고 해도 성적이 안 나오는 과목이라는 생각에 국어를 포기합니다.

　물론 시험 성적은 여러 요소에 영향을 받습니다. 복습 부족, 시험 당시의 긴장감 등 어느 한 요소만으로 성적이 결정되는 것은 아닙니다. 그러나 확실한 것은 자신의 약점을 정확하게 파악하고 대처해야 한다는 사실입니다. 국어의 하위 영역은 다양합니다. 문학, 비문학, 문법, 화법, 작문 등 말입니다. 그러나 이 모든 영역에서 가장 중요한 것은 독해력입니다. 바른 독해를 기반으로 한 추론 능력이 받쳐주어야 합니다. 그래야 국어 성적에 상처받지 않고, 열심히 공부한 성공의 열매를 딸 수 있습니다.

4장

사고력에서 학습력으로
문해력이 바꾸는 공부의 미래

"질문하는 힘이 생길 때 아이의 생각은

비로소 단단하게 뿌리를 내리기 시작합니다.

문장의 겉모습이 아닌 본질을 읽어내는

문해력의 근육이 붙으면,

아이는 누군가 정해준 길을 가는 대신

스스로 답을 개척해가는

주체적인 배움의 주인이 됩니다."

질문하는 힘, AI시대의 핵심 역량

질문을 던지며 읽는 독서가 문해력을 키운다

사람은 목표가 있을 때 더 집중하게 됩니다. 글을 읽기 전에 "이 글에서 무엇을 배울 수 있을까?" 같은 질문을 던지면 독서는 단순한 정보 전달이 아니라 목적 있는 활동으로 바뀝니다. 이렇게 질문을 통해 읽기를 시작하면 아이들은 글의 흐름과 핵심을 놓치지 않고 집중력 있는 읽기를 하게 됩니다. 이는 문해력의 가장 기초적인 요소인 이해력을 끌어올리는 데 결정적인 역할을 하게 됩니다.

또한 글을 읽는 과정에서 "이 문단에서 가장 중요한 문장은 무엇일까?" 또는 "왜 이런 예시를 들었을까?" 같은 질문을 던지면 자연스럽게 중요한 정보와 덜 중요한 정보를 구분하게 됩니다. 그러면 글의 중심 내용을 빠르게 분석할 수 있습니다. 그리고 정확한 정보를 바탕으로 명시되지 않은 내용을 유추하거나 새로운 의미를 도출하는 추론 능력도 키워집니다. 이는 결국 글이 어떻게 짜여 있고 각 부분이 어떤 역할을 하는지 알 수 있는 구조적 독해력의 발달로 이어집니다. 즉, 글의 흐름과 핵심 메시지를 명확하게 파악할 수 있게 됩니다.

실제로 많은 메타분석 연구에서 질문 중심 읽기 전략을 훈련받은 학생들이 일반적인 독서 활동을 하는 학생들보다 중심 내용 파악 능력이 뛰어났다는 결과가 보고되었습니다. 또한 질문은 이해의 깊이를 더하고 비판적 사고를 유도합니다. 질문은 단지 내용을 따라가는 데서 그치지 않습니다. 글의 의미를 해석하고 작가의 의도를 파악하며 책과 하나가 되는 것입니다. 이렇게 질문하며 읽는 독서는 내용에 대한 자기 생각을 정립하도록 도와주어 사고력과 논리력의 토대가 됩니다.

 질문하며 책을 읽는 것은 자기 점검과 기억 유지에도 도움을 줍니다. 아이들이 책을 읽으면서 "이 문장은 이해가 잘 안 되는데 왜일까?", "앞 문단과 연결이 되나?" 같은 질문을 던지면 자신의 이해 상태를 점검하고 필요한 부분은 다시 읽게 됩니다. 이런 메타인지 활동은 학습 효과를 높이는 핵심 요소입니다. 또한 스스로 던진 질문과 그에 대한 답은 단순한 읽기보다 더 오래 기억에 남습니다. 이처럼 질문은 읽기 내용의 정착과 응용력 향상에도 효과적입니다.

 이처럼 질문하며 책을 읽을 때 문해력을 구성하는 거의 모든 능력을 자극하고 성장시킬 수 있습니다. 그뿐만 아니라 학습 역량을 키우기 위해서도 질문은 중요합니다. 문제를 풀고 틀린 문제를 답만 보고 넘기는 것이 아니라 '내가 최근 틀린 문제는 어떤 유형이었는가?', '틀린 문제의 해설을 보며 "왜 틀렸는지" 정확히 설명할 수 있는가?' 등 스스로 보완하는 공부를 할 때 실력으로 이어집니다.

📑 질문하는 아이가 더 깊이 사고한다

 질문하는 아이들은 더 많이 이해하고 더 깊이 사고합니다. 질문하는 독서는 답을 외우는 아이에서 해답을 찾는 아이로 바꾸어 줍니다. 그래서 한 권의 책을 읽더라도 스스로 질문하고 그 답을 찾아갈 수 있어야 합니다.

먼저 책 표지를 보고 의미를 추론하며 의문을 가져야 합니다. 목차를 보고 글의 전체 흐름을 파악해야 합니다. 그리고 스스로 글의 내용을 추측하며 의문을 제시하고 그 질문의 답을 찾아가는 독서를 해야 합니다. 책을 많이 읽는 다독도 좋지만 한 권의 책이라도 내 것으로 만드는 다독이 더 중요합니다. 책을 많이 읽기로 유명했던 세종대왕도 한 권의 책을 내 것으로 이해하기 위해 100번을 읽었다고 합니다. 그만큼 읽는다는 것은 깊이 있는 사고를 요구하며 그 사고의 과정에 질문이 있습니다.

어느 이야기에서는 주인공이 갈등 앞에 서 있고, 어느 설명문에서는 사회가 직면한 복잡한 현실이 그려집니다. 그 속에서 아이는 문제를 읽고 해결되는 과정을 배웁니다. 그런데 책의 내용을 단순히 받아들이는 것이 아니라 '더 좋은 해결 방법은 없었는지' 혹은 '나라면 어떻게 했을까?'와 같은 의문을 품고 새로운 시각에서 해결의 단서를 찾을 수도 있습니다. 이럴 때 독서는 단순한 텍스트 이해가 아니라 문제를 바라보는 새로운 시각을 갖게 합니다. 그러므로 책 속에 나타나는 많은 사건과 사회 현상을 보고 질문할 수 있어야 합니다.

책 속에서 아이는 수없이 넘어지고 다시 일어나는 사람들을 봅니다. 그 장면들은 아이의 마음에 "문제는 풀 수 있는 것"이라는 믿음을 새깁니다. 문제를 두려워하지 않는 아이는 책 속에서 길을 찾은 아이입니다. 세상은 정답을 주지 않습니다. 학교 시험처럼 고르게 답을 써낼 수 있는 문제만 있지도 않습니다. 막막한 선택과 감정의 소용돌이 속에서 스스로 판단하고 해석하고 결정해야 할 상황들로 가득합니다. 이럴 때 필요한 힘은 암기가 아닌 사고의 힘입니다. 결국 질문하는 독서를 할 때 문제를 해결하는 힘도 함께 길러질 것입니다.

📑 AI시대, 질문 역량이 곧 AI를 잘 쓰는 핵심 역량

AI는 우리가 생각한 것보다 훨씬 빠른 속도로 우리의 삶에 영향을 주고 있습니다. 이미 우리 아이들은 챗GPT를 이용한 정보 검색에 익숙해져 있을 뿐만 아니라 지극히 자연스러운 일로 받아들입니다. 벌써 아이들은 AI와 공조하며 살아가고 있는 것입니다. 그렇다면 AI를 효과적으로 활용하기 위해 우리 아이들에게 필요한 능력은 무엇일까요? 바로 질문하는 능력을 키워야 합니다. 앞으로는 질문을 잘해야 경쟁력이 생깁니다. 왜냐하면 질문이 AI 성능을 좌우하기 때문입니다.

AI는 '질문에 맞는 답'을 하는 도구이기 때문에 질문이 구체적이고 맥락이 풍부할수록 답변의 질도 높아집니다. 예를 들어 "전기차에 대해 알려줘"와 같은 질문은 범위가 너무 넓어 충전 방식, 배터리, 역사, 장단점 등 어디에 집중해야 할지 불명확합니다. 그러나 "전기차의 배터리 수명에 영향을 미치는 주요 요인과 내연기관차와의 유지비 비교를 알려줘"라고 자신이 필요로 하는 질문을 명확히 제시하면 답변이 훨씬 실질적이고 비교·분석 중심으로 제공됩니다.

질문은 또한 사고 과정의 반영입니다. AI에게 좋은 질문을 던지려면 자신이 무엇을 알고 싶고 무엇을 모르는지를 분명히 해야 합니다. 즉, 질문 자체가 사고 정리→문제 정의→탐구의 시작을 반영합니다. '전기차는 좋은가요?'와 같은 표면적 질문은 단순 찬반을 묻는 수준밖에 안 됩니다. 이는 전기차에 대한 사고 과정을 거치지 않았기 때문입니다. 사고가 담긴 질문은 '전기차가 친환경적이라고 하지만 배터리 생산 과정에서 발생하는 탄소 배출까지 고려하면 실제로 환경적 이점이 얼마나 있나요?'와 같은 질문입니다. 이는 아이들이 문제의식(배터리 생산의 환경 비용)을 드러내므로 AI가 더 심층적인 분석을 할 수 있습니다. 따라서 ‘좋은 질문’을 할수록 학습자 자신도 더 명확히 사고하게 되고 AI는 이를 반영해 더 구조화된 답을 제공합니다.

AI와의 상호작용에서 질문은 탐구 심화 도구의 역할을 합니다. AI는 단일 질문보다 연속적인 질문–답변 과정에서 학습 효과가 큽니다. ‘전기차 충전 속도는 평균적으로 얼마나 걸리나요?’, ‘그렇다면 초급속 충전 기술이 상용화되면 전기차 보급에 어떤 경제적·사회적 변화가 예상되나요?’, ‘이런 변화 속에서 내연기관차 제조업체가 취할 수 있는 전략은 무엇일까요?’ 이렇게 연속 질문을 이어가면 단순한 정보 습득을 넘어 정책, 산업, 사회 구조까지 탐구할 수 있습니다. 이런 탐구 심화를 유도하는 연속 질문은 학습자가 질문을 다듬고 확장해 갈 때 가능합니다. 이렇게 깊이 있는 질문을 할 때 AI가 제시하는 정보도 더 정교해지게 되어 일종의 공동 탐구 과정을 할 수 있습니다. 즉, ‘질문 역량’이 곧 ‘AI 활용 역량’으로 이어집니다. 결국 전기차라는 같은 주제라도 질문을 어떻게 하느냐에 따라 ‘피상적 지식’과 ‘심층적 통찰’이 갈립니다.

좋은 질문은 좋은 답변으로, 더 나은 질문은 더 깊은 사고로 연결됩니다. 앞으로 우리 아이들이 살아갈 시대에 질문 역량은 곧 AI를 잘 쓰는 핵심 역량과 직결될 것입니다. 아이들의 질문을 잘하는 능력은 AI 활용 효과와 정비례 관계입니다. AI는 질문 수준에 맞춰 답을 합니다. 그렇기 때문에 질문의 명확성·구체성·맥락성이 곧 AI의 성능을 결정합니다.

이제 우리는 읽는다는 것의 개념을 다시 생각해야 합니다. 책을 통한 지식 습득의 세계를 넓혀가야 할 시대이기 때문입니다. 인간의 지식 수준을 넘어서는 AI와 공존하며 살아갈 우리 아이들은 인간만의 고유성을 지키며 AI를 넘어설 능력을 키워야 합니다. 책을 읽으며 세상의 문제를 해석하는 눈을 키우고 마음속에서 질문을 꺼내며 그 답을 찾아가는 연습을 해야 합니다. 그래야 답을 외우는 것이 아닌 스스로 해답을 만들어가는 아이로 성장합니다. 그리고 그 아이는 세상의 어떤 복잡한 문제 앞에서도 당당하게 외칠 수 있을 것입니다.

"나는 풀 수 있어. 스스로 질문하고 생각할 수 있다면 어떤 문제든."

읽은 것을 재구성하는 힘, 표현 중심 문해력

오늘날 디지털 기술의 발달로 정보는 넘쳐나고 아이들은 하루에도 수십만 개의 문자를 '보며' 살아갑니다. 하지만 그 중 진짜 '읽는' 경험은 얼마나 될까요? 교육 현장에서 자주 듣는 말이 있습니다.

"책을 많이 읽었는데, 왜 생각은 깊지 않을까요?"
"책을 많이 읽었는데 왜 자꾸 문제를 잘못 읽어서 틀렸다고 할까요?"
"책을 많이 읽었는데 왜 내용을 파악하지 못할까요?"

이 질문의 답은 바로 '핵심을 읽는 힘'의 부재입니다. 단순히 글자를 해독하는 것만이 아니라 텍스트를 이해하여 해석하고 사고로 연결하는 과정이 있어야 합니다. 이 과정을 거쳐야 글에서 말하고자 하는 바를 정확히 이해할 수 있게 됩니다. 이러한 능동적 읽기야말로 오늘을 살아가는 아이들에게 가장 필요한 핵심 역량 중 하나입니다.

구성주의 교육이론에서도 학습자는 지식을 외부에서 받아들이는 존재가 아니라 자기 경험과 배경지식을 바탕으로 스스로 의미를 구성하는 주체라고 밝혔습니다. 글의 내용을 제대로 이해하려면 자신만의 의미 해석이 있어야 진정한 학습이 이루어진다는 것입니다. 글에는 늘 중심 내용과 이해를 돕기 위한 설명을 덧붙이는 내용이 있습니다. 핵심을 읽는다는 건 이 중심을 놓치지 않고 포착하는 일입니다. 학생들이 종종 읽기를 어려워하는 이유는 글의 양이 많아서가 아니라 그 글 속에서 무엇이 중요한지를 선별하지 못하기 때문입니다.

글에서 모든 문장은 같은 무게로 표현하지 않습니다. 그래서 핵심 내용과 관련 없는 정보를 제거할 수 있는 판단력이 필요합니다. 아이들에게 핵심을 찾고 옳고 그름을 가려내는 비판적 사고가 없으면 읽기는 곧 부담이 됩니다. 반대로 핵심을 짚을 줄 알면 읽기는 의미 있는 활동이자 생각을 확장하는 도구가 됩니다. 그래서 많이 읽되 생각하며 읽는 것은 아이들에게 핵심을 읽을 줄 아는 힘을 길러줍니다.

오늘날 교육의 핵심은 단순한 정보 암기를 넘어 정보를 이해하고 해석하며 표현하는 능력, 즉 문해력에 있습니다. 학생들이 책이나 글을 읽고도 핵심을 놓치거나 내용을 잘못 이해하는 경우가 있습니다. 이는 글의 구조나 의미를 깊이 있게 파악하지 못한 결과입니다. 이러한 문제를 해결하기 위해서는 읽은 내용을 자신의 언어로 재구성해 보아야 합니다. 책을 읽은 뒤 그 내용을 요약하거나 글로 옮기는 활동은 문해력을 기르는 데 매우 효과적입니다.

아이들이 책을 읽고 자신의 말이나 글로 정리하는 과정에서 핵심 내용을 파악할 수 있는 능력이 향상됩니다. 읽은 글을 재구성하기 위해서는 우선 글의 중심 내용을 파악해야 합니다. 중심 문장과 세부 내용을 구분하고 중요한 정보를 선별하는 과정이 필요합니다. 이 과정을 반복하면서 아이들은 자연스럽게 정보의 위계와 논리 구조를 익히게 되고 글의 흐름을 꿰뚫는 능력을 키울 수 있습니다. 이는 문해력 중에서도 핵심적인 '내용 이해 능력'의 향상으로 이어집니다.

글을 재구성하는 것은 단순히 요약만 하는 것이 아닙니다. 읽은 내용을 정리하고 재배열하며 자기 생각을 덧붙이는 창의적 사고 과정입니다. 이 과정에서 학생들은 글의 논리를 이해하고 그것을 자기 방식으로 정리하는 훈련을 하게 됩니다. 즉, 재구성은 사고의 흐름을 논리적으로 조직하는 능력을 길러주며 이는 모든 학습의 기반이 되는 문해력을 강화하는 데 결정적인 역할을 합니다.

글의 내용을 자신만의 언어로 풀어 말하거나 써 보는 행위는 표현력과도 밀접한 관련이 있습니다. 생각을 정리해 문장으로 표현하는 과정에서 어휘력과 문장 구성력도 좋아집니다. 재구성은 문해력의 한 갈래인 표현 중심 문해력(productive literacy)을 강화하며 학생들은 점차 자신의 언어로 세상을 설명할 수 있게 됩니다. 읽은 내용을 재구성하는 활동은 자신의 이해 수준을 점검하는 메타인지 전략이기도 합니다.

재구성 중 막히는 부분이 있다면 이는 완전히 이해하지 못한 내용임을 의미합니다. 이를 통해 학생들은 스스로 부족한 부분을 인식하고 다시 읽거나 질문함으로써 더 깊은 이해로 나아갈 수 있습니다. 이러한 자기 점검 능력은 장기적으로 자기 주도 학습 능력을 길러주는 핵심 요소가 됩니다. 그러므로 문해력은 읽는 양이 아니라 읽은 것을 '어떻게 다루는가'에 뿌리를 두고 있다고 말할 수 있습니다.

생각하는 힘이 아이의 미래를 만든다
–독서는 지혜의 바다를 탐구하는 힘

교실 안 책상 앞에 앉은 아이는 문제집을 펼쳐 듭니다. 낯선 개념과 복잡한 지문, 쉽지 않은 질문이 그 앞을 가로막지만 그 아이의 눈빛은 흐려지지 않습니다. 왜일까요? 그 아이는 생각하는 법을 배운 아이이기 때문입니다. 학습의 깊이는 문제를 다루는 태도에서 갈립니다. 학습이란 지식을 축적하는 것을 넘어 정보를 이해하고 연결하고 활용하는 과정입니다. 여기서 가장 중요한 관문은 단 하나 '문제를 마주했을 때 멈추지 않는 힘'입니다.

단순 암기나 반복 훈련만으로는 언제나 처음 보는 문제 앞에서 주춤하게 됩니다. 그러나 문제 해결력을 기른 아이는 다릅니다. 그들은 문제의 구조를 파악하고 조건을 분해하며 스스로 전략을 세울 줄 압니다. 그러한 아이는 공부가 단순한 시험 준비가 아니라 논리와 추론의 무대임을 이해하고 있습니다. 학습은 그 순간부터 그저 주입되는 것이 아니라 스스로 구축해 나가는 지성의 여정이 됩니다. 그래서 답을 찾는 훈련보다 방향을 찾는 훈련이 먼저입니다.

진정한 배움은 모든 질문에 정답을 말할 수 있을 때가 아니라 답을 찾기 위한 질문을 던질 수 있을 때 시작됩니다. 문제 해결 능력을 갖춘 아이는 실패를 두려워하지 않습니다. 오히려 틀린 시도조차 생각의 확장으로 받아들이며 실수 속에서 새로운 실마리를 끌어냅니다. 그런 사고는 단순히 수학 문제를 푸는 데서 끝나지 않습니다. 국어의 독해 지문, 과학의 탐구 과정, 심지어는 친구와의 갈등 해결까지도 자신의 생각으로 풀어내는 습관으로 이어집니다.

공부는 기술이 아니라 태도입니다. 문제 해결력은 단지 학습의 결과가 아닙니다. 그 자체가 학습의 촉진제입니다. 스스로 문제의 본질을 꿰뚫고 해결 방법을 설계하는 아이는 교과서 너머의 세계까지 배우고자 합니다. 이런 아이에게 학습은 지겨운 의무가 아니라 도전하고 탐험하는 놀이가 됩니다. 그들은 정답보다 과정에 집중하고 실패보다 성장을 선택합니다.

결국, 생각하는 힘이 아이의 미래를 만듭니다. 오늘의 문제 하나를 마주하는 방식이 내일의 배움 전체를 바꿉니다. 문제 앞에서 멈추지 않고 다시 바라보고 다른 길을 찾는 연습. 그 힘이 쌓이면 아이의 학습은 달라집니다. 더 깊어지고 더 넓어지고 더 단단해집니다.

글은 마음으로 읽어야 합니다. 학생들에게 글 읽기는 너무 익숙한 일상입니다. 매일 국어 교과서와 문제집을 보고 글을 읽고 요약하고 문제를 풉니다. 하지만 그 속에서 진짜 글의 의미를 발견하는 사람은 많지 않습니다. 글을 읽으면서도 생각은 딴 데 있고 글쓴이의 마음은 스치듯 지나갑니다. 그렇게 글은 '과제'로만 남고 감동은 우리 곁을 그냥 지나칩니다. 그러나 글은 마음으로 읽을 때 삶을 바꿉니다. 어떤 학생은 한 편의 시를 통해 처음으로 외로움이 자신만의 감정이 아니라는 걸 알게 됩니다. 어떤 학생은 한 권의 책 속 인물에게서 자기 모습을 발견하고 울음을 터뜨립니다. 어떤 글은 말 한마디보다 더 깊이 우리를 위로하기도 합니다. 어떤 문장은 평생 마음에 남습니다. 그런 힘이 글에 있습니다.

책들은 저마다 우리에게 말을 걸어옵니다. 그리고 자신의 이야기를 가만가만 들어보라고 합니다. 그 말을 이해하기 위해 우리는 책을 그냥 넘기지 말고 멈춰서 읽어야 합니다. 문장을 그냥 쓱 훑는 것이 아니라 한 줄 한 줄 곱씹어 보아야 합니다. 이렇게 잠시 멈춰서 생각하는 그 순간 글은 '정보'에서 '울림'으로 바뀝니다. 그러면 자연스럽게 내 삶과 연결되어 읽게 됩니다. 이러한 읽기가 아이들의 마음을 키웁니다. 글은 그런 것입니다. 우리의 감정을 대신 말해주고 우리가 미처 보지 못한 마음을 보여줍니다. 그래서 학생에게 글은 지식을 위한 도구일 뿐만 아니라 사람다운 마음을 배우는 길이어야 합니다. 글을 제대로 읽는다는 것은 세상을 더 깊이 이해하는 일이며 자기 자신을 만나는 여정입니다. 그리고 그 여정은 바로 오늘 우리 아이들이 책을 펼치는 그 순간부터 시작됩니다.

나무는 봄에 꽃을 피우기 위해 추운 겨울을 견딥니다. 자기 안에 꽃봉오리를 품고 말입니다. 그리고 봄이 되면 자신의 살갗을 찢고 온 힘을 다해 꽃봉오리를 터뜨립니다. 책 읽기는 나무가 꽃봉오리를 길러내듯 우리 아이들을 길러내는 과정입니다. 아이들은 살아가며 수없이 많은 질문에 부딪힙니다.

"나는 누구일까?"

"나는 왜 화가 날까?"

"나는 다른 사람과 뭐가 다를까?"

"나는 왜 재처럼 뛰어나지 못할까?"

이런 질문들은 시험 문제처럼 정답이 있는 것도 아니고 어른들이 쉽게 알려줄 수 있는 것도 아닙니다. 그래서 아이들 스스로 이 질문에 답을 찾는 여정을 거쳐야 합니다. 때로는 거친 길을 걸어가야 할 때도 있을 것이고, 황량한 광야에 혼자 서 있어 어디로 갈지 헤맬 수도 있을 것입니다. 그때 우리 아이들 앞에 책이라는 길잡이가 조용히 놓여 있었으면 합니다. 아이들은 책을 읽으며 수많은 인물들을 만납니다. 거짓말을 했다가 후회하는 아이, 친구와 다투고 용서하는 법을 배운 아이, 자신이 좋아하는 걸 몰라 방황하다 꿈을 찾은 아이. 이야기의 흐름을 따라가다 보면 어느 순간 그 등장인물의 마음이 곧 자신의 마음과 닿아 있다는 걸 느끼게 됩니다.

책은 아이들에게 "이게 너야"라고 말하지 않습니다.

대신 이렇게 묻습니다.

"너는 어떻게 생각하니?"

"너는 이런 상황에서 어떻게 했을까?"

그 질문을 마음속에 품은 채 책장을 넘기는 동안 아이들은 남의 이야기를 통해 자신의 이야기를 만들어 갈 것입니다.

"책을 읽는 건, 네 안에 숨어 있는 너를 만나는 일이야."

그 만남은 때로는 낯설고 때로는 뿌듯하고 때로는 조용히 마음을 흔드는 경험이 됩니다. 그러나 분명한 건 그 만남을 거친 아이는 이전보다 조금 더 단단해진다는 것입니다. 책장을 넘기는 손끝에서 한 줄 한 줄 따라가는 눈길에서 아이들은 조금씩 '나'를 찾아갑니다. 그 여정을 함께 걸어주는 것이 우리 어른들이 해야 할 가장 따뜻한 교육일지도 모릅니다.

세상은 점점 빠르고 복잡해지고 있습니다. 정보는 넘치지만, 자신이 누구인지 아는 아이는 점점 줄어들고 있습니다. 이럴 때일수록 독서가 더 중요합니다. 책은 조용히, 그러나 확실하게 아이의 마음에 씨앗을 심고, 생각의 뿌리를 내리게 합니다. 그리고 언젠가 우리 아이들은 그 속에서 스스로 피워낸 '나'라는 꽃을 보게 될 것입니다.

책을 읽는다는 건 결국, 세상 속에서 나만의 질문을 품고 살아가는 법을 배우는 일입니다. 그 질문을 안고 살아가는 사람은 흔들리더라도 길을 잃지는 않습니다. 나는 믿습니다. 아이들이 읽은 수많은 책 속에서 그들은 언젠가 자신만의 목소리를 찾게 될 거라고요. 그러니 읽으라 말하고 싶습니다. 자신을 더 잘 알기 위해. 세상을 더 깊이 이해하기 위해. 그리고 자기 삶을 주도적으로 살아가기 위해.

살다 보면 배움이 끝났다고 느끼는 순간이 찾아옵니다. 학교를 졸업하고, 직장에 정착하고, 어느 정도 삶의 루틴이 갖춰졌을 때 사람들은 자신이 이미 다 아는 것처럼 행동합니다. 그러나 세상은 끊임없이 변하고, 삶은 늘 새로운 질문을 던집니다. 그때, 변함없이 우리 아이들 곁에 책이 있기를 소망합니다.

책은 단순히 과거의 지식을 저장하는 도구가 아닙니다. 오히려 책은 미래를 준비하는 학습의 가장 오래되고 강력한 방식입니다. 우리가 책을 읽는 이유는 '아는 것'보다 '모른다는 것'을 인정하고, 다시 배움을 시작하기 위해서라고도 합니다.

"지식은 정보가 아니라 이해이며, 이해는 반복된 사유를 통해 다져진다."

−칼 세이건

인터넷과 인공지능의 시대. 정보는 넘쳐나지만 우리 아이들은 점점 더 사고의 깊이를 잃어가고 있습니다. 검색으로 찾은 단편적 지식은 곧 잊힙니다. 그러나 책은 한 가지 주제를 붙잡고 깊이 있게 탐구하게 만듭니다. 그 안에서 우리 아이들이 생각하는 법, 질문하는 법, 의심하는 법을 배웠으면 좋겠습니다. 그것이 곧 '지혜'가 되기 때문입니다.

또한 책은 단지 머리를 채우는 도구가 아니라 마음을 단련하는 수련이기도 합니다. 한 권의 문학, 한 편의 수필, 철학자의 말 한마디는 누군가의 삶을 통째로 바꿔 놓기도 합니다. 간디가 〈바가바드 기타〉를 통해 비폭력 철학을 정립했고, 맬컴 X가 감옥에서 백과사전을 읽으며 자신을 새롭게 발견한 것처럼, 책이 우리 아이들의 삶의 방향을 알려주는 나침반의 역할을 했으면 좋겠습니다.

얼마 전 군대에 입대한다면서 찾아온 제자가 이런 말을 했습니다. "선생님, 저는 아직도 선생님과 함께 한 책 수업이 생각나요. 사실 그때는 바빠서 대충 읽은 책들도 있었는데 이번에 시간을 내서 모두 읽어 보려고 해요. 책 목록 좀 주실 수 있나요?"

그러면서 함께 독서 논술 수업을 했던 친구들을 가끔 만나는데 성인이 된 지금도 틈틈이 책을 읽거나 독서 모임을 한다는 것이었습니다. 그 당시에는 책을 다 읽지 못할 때도 있었지만, 그때의 독서가 분명 아이들에게 좋은 경험으로 남아 있음을 다시 알게 됐습니다. 이처럼 어린 시절 형성된 독서 습관은 평생 꾸준한 독서로 연결될 수 있습니다.

평생 학습이란 결국 자기 자신을 멈추지 않고 새롭게 하는 과정입니다. 그리고 그 여정에서 책은 가장 오래, 가장 멀리, 가장 조용히 우리 아이들을 이끌어 갈 것입니다. 그래서 우리 아이들이 책 읽기를 즐기기를 바랍니다. 책에서는 다양한 주제와 장르를 다룹니다. 그리고 다양한 분야에 대한 전문지식을 제공합니다. 소설, 과학, 예술, 철학 등 어떤 장르를 선택하든 우리 아이들은 새로운 지식을 얻을 수 있습니다. 그래서 책은 끝나지 않는 학교이며, 우리 아이들은 그 교실에서 평생을 살아야 하는 존재들입니다. 책을 통해 축적된 지식으로 우리 아이들의 학습 능력도 향상되고 배움의 즐거움을 알아갈 수 있기를 바랍니다.

누군가는 말합니다. 책은 세상을 보는 창이라고. 맞습니다. 하지만 동시에 책은 자신을 비추는 거울이기도 합니다. 다른 사람의 삶을 읽으며 나의 가치관, 감정, 태도를 돌아보게 되기 때문입니다. 독서는 시험 점수를 올리기 위한 것만이 아닌 삶을 더 깊이 살아가기 위한 평생의 길동무입니다.

부록

부모와 함께하는
문해력 향상 활동북

감정별 독서 활동지

책을 읽고 난 뒤, 등장인물의 감정에 공감하고 나의 감정을 돌아보는 활동입니다. 학년별 난이도에 따라 문항 구성을 달리하였으며, 각 감정마다 부모의 코칭 포인트가 포함되어 있습니다.

💡 슬픈 장면을 만났을 때

● 초1~2학년

어떤 장면이 가장 슬펐나요?

주인공의 기분은 어땠을까요?

나도 비슷한 기분을 느껴본 적이 있나요?

그때 나는 어떻게 했나요?

● 초3~4학년

주인공이 슬픈 이유를 설명해보세요.

그 장면을 읽고 나도 어떤 기분이 들었나요?

그 장면을 친구에게 설명한다면 뭐라고 말하고 싶나요?

● 초5~6학년

주인공의 감정을 어떤 단어로 표현할 수 있을까요?

비슷한 상황에서 나의 감정은 어땠나요?

그 감정이 나를 어떻게 변화시켰나요?

표현 감정 단어: 서운함 / 외로움 / 낙심 / 그리움

〈부모 코칭 포인트〉

아이가 감정을 말하지 않더라도 표정을 읽어주세요.

"그럴 때 속상했겠다"라고 말해주면 아이의 감정은 안정됩니다.

자신의 감정을 말하는 연습은 '자기조절력'과 연결됩니다.

💡 기쁜 장면을 만났을 때(동일 형식 유지)

표현 감정 단어: 신남 / 뿌듯함 / 고마움 / 즐거움

〈부모 코칭 포인트〉

"네가 기뻐한 이유를 알겠어"라고 감정을 인정해 주세요.

아이가 좋아한 이유를 다시 말해주면 감정 언어가 풍성해집니다.

💡 화가 나는 장면을 만났을 때

표현 감정 단어: 답답함 / 억울함 / 짜증 / 분노

〈부모 코칭 포인트〉

감정을 판단하기보다는 "왜 그랬을까?"라고 물어보세요.

감정을 글로 쓰게 하면 통제력이 생깁니다.

💡 두려운 장면을 만났을 때

표현 감정 단어: 무서움 / 걱정 / 떨림 / 불안

〈부모 코칭 포인트〉

"그럴 때는 정말 무서울 수 있지"라고 공감해 주세요.

두려움은 숨기지 않고 말로 표현할수록 줄어듭니다.

💡 외로운 장면을 만났을 때

표현 감정 단어: 고립 / 서운함 / 혼자 있는 느낌 / 소외감

〈부모 코칭 포인트〉

"그럴 때 나도 그랬던 적이 있어"라고 경험을 나누어 주세요.

외로움을 말할 수 있는 아이가 타인의 마음도 잘 헤아립니다.

💡 활용 TIP(교사/학부모용)

감정별 활동지는 독서 후 토론 또는 일기 쓰기 활동으로 연결해도 좋습니다.

아이가 감정을 쓰는 데 어려움을 느낀다면 먼저 "넌 어떤 장면이 가장 기억에 남았어?"라고 질문해 주세요.

학기 중에는 감정별 주간 독서일지로도 활용 가능합니다.

활동 확장 예시

감정 카드를 만들어 나만의 감정 일기장 쓰기

등장인물의 입장에서 편지 써 보기

오늘 내가 느낀 감정 색으로 그림 그리기

책 속 장면에 어울리는 음악 고르기

문해력이 자라는 일상 질문

일상 질문 1

번호	질문	아이 반응 예시	부모 반응 예시	왜 좋은 질문인가?
1	학교에서 제일 기억에 남는 소리는 뭐였어?	"쉬는 시간에 다들 뛰는 소리가 커서 신났어!"	"와, 그럼 다들 얼마나 신나게 놀았을까!"	아이들은 감각적 경험에 민감하므로 소리에 관한 질문은 특정 순간(쉬는 시간 종소리, 친구 웃음소리 등)을 떠올리게 하며 감정을 연결해 말하도록 돕는다.
2	오늘 네가 제일 잘한 일은 뭐라고 생각해?	"모르겠어, 잘한 거 없어."	"그럴 때도 있지. 엄마는 네가 친구한테 웃어준 게 정말 멋졌다고 생각해!"	아이가 자신의 성취를 돌아보며 자존감을 키우도록 돕는다. 작은 성공에도 큰 기쁨을 느끼게 하고, 이를 말로 표현하면 자신감이 커진다.
3	오늘 네 기분이 날씨라면 어떤 날씨 같았어?	"맑은 하늘 같았어!"	"맑은 하늘처럼 기분이 상쾌했구나! 뭐가 그렇게 기분 좋았어?"	감정을 날씨로 비유하면 추상적인 기분을 구체적으로 표현하기 쉬워진다. 아이는 비유적 표현에 흥미를 느끼며 부담 없이 대답한다.

4	오늘 네가 제일 웃었던 순간은 언제였어?	"친구가 넘어지는 척해서 다들 웃었어!"	"그거 진짜 웃겼겠다! 너도 같이 웃었어?"	웃음은 긍정적인 감정을 끌어내는 강력한 도구다. 아이가 행복했던 순간을 떠올리며 자연스럽게 이야기를 시작하게 돕는다.
5	학교에서 네가 좋아하는 친구는 어떤 친구야?	"지민이는 같이 놀 때 재밌어!"	"지민이랑 노는 거 정말 재밌겠다! 어떤 놀이 했어?"	친구 관계는 정서적 안정에 큰 영향이 있다. 아이가 긍정적인 경험을 공유하거나 고민을 드러낼 기회를 준다.
6	만약 네가 오늘 학교에서 마법을 부릴 수 있었다면, 뭘 했을까?	"숙제를 없애버렸을 거야."	"숙제가 많아서 좀 힘들었구나. 어떤 숙제가 제일 어려웠어?"	상상력을 자극해 아이가 부담 없이 자신의 바람이나 감정을 간접적으로 드러내게 한다. 재미있게 대답하면서도 스트레스를 풀 수 있다.
7	오늘 엄마·아빠가 널 위해 할 수 있었던 게 있다면 뭐였을까?	"모르겠어."	"괜찮아, 엄마·아빠는 언제든 네 옆에 있어. 혹시 내일이라도 생각나는 게 있으면 말해줄래?"	아이가 부모에게 바라는 점을 솔직히 표현하게 돕고, 부모는 늘 곁에 있다는 안정감을 줄 수 있다. 학년이 높아질수록 구체적인 도움 요청 가능성이 커진다.

일상 질문 2

순서	질문	문해력 자극 효과	확인
1	오늘 가장 기억에 남는 말 (또는 글)이 뭐였어?	기억력, 주의력, 언어 회상 능력 강화	
2	그때 너는 어떤 느낌이 들었어?	감정 표현, 자기인식 능력 향상	
3	만약 너였다면 어떻게 행동했을까?	상상력, 대안적 사고, 비판적 사고 능력 강화	
4	그 이야기에서 너랑 닮은 점은 뭐였어?	자기 동일화, 감정이입, 서사적 사고	
5	그 문장을 다른 말로 바꾼다면 어떻게 될까?	어휘력, 재구성 능력, 표현력 향상	
6	오늘 배운 것 중에 '왜 그럴까?' 하고 더 궁금해진 건 뭐야?	개념 확장, 논리력, 어휘 스펙트럼 확장	
7	만약 오늘 하루를 만화나 영화로 만든다면 첫 장면은 뭐였을까?	관점 전환, 공감 능력, 대화적 상상력	
8	오늘 너를 기분 나쁘게 한 말을 적어 본다면?	판단력, 비판적 사고력, 언어 감수성	
9	오늘 네가 사용한 단어 중에서 가장 마음에 드는 건 뭐야?	요약력, 사고 압축력, 주제화 능력	
10	만약 내일의 네 일기를 미리 써본다면 첫 문장은 어떻게 시작할까?	자기 성찰, 원인 탐색력, 탐구적 사고 촉진	

일상 질문에서 한 발 더 나가 '아이의 문해력을 높이는 부모의 질문'을 생각해봅시다. 오늘 하루만큼은 아이를 앉혀놓고 "책 좀 읽어." "글 좀 써 봐."라고 말하기 전에, 오늘 내 말투, 내 질문, 내 반응부터 돌아보아야 합니다. 아이는 부모가 사용하는 단어로 세상을 배웁니다. 당신의 언어는 아이의 문장이 됩니다. 아이가 써 내려갈 그 문장은, 결국 아이의 삶이 될 것입니다.

문해력이 자라는 5(oh!)일 실천 프로젝트

날짜	실천 과제	목표	확인
Day 1	오늘 아이의 말을 끊지 않고 끝까지 들어주기	아이의 감정과 생각을 듣는 연습	
Day 2	부모가 조용히 책 읽는 모습 10분 보여주기	말보다 모습이 언어라는 원칙 실천	
Day 3	하루 한 번, 아이에게 "왜 그렇게 생각했어?" 물어보기	생각을 끌어내는 대화 훈련	
Day 4	아이가 한 말 중 인상 깊었던 문장을 적어주고 "네 덕분에 내가 배웠어"라고 말해주기	아이의 언어가 존중받는 경험 제공	
Day 5	잠들기 전 오늘 있었던 일 중 '느낀 점' 1가지 나누기	감정 언어 습관 만들기	

[체크리스트] 글쓰기 루틴 만들기

부모의 피드백이 글쓰기 태도를 만듭니다.

다음 항목들을 주 1회 점검하며 아이와 함께 실천해보세요.

주 1회 가족회의나 대화 시간에 체크리스트를 함께 보며 대화해보세요. 체크보다는 '왜 잘 되었고, 무엇이 어려웠는지'에 대한 대화가 핵심입니다. 10번까지는 글쓰기 루틴 형성의 기초, 11번부터는 글쓰기 지속성과 자존감 형성에 큰 도움을 줍니다.

번호	항목	내용	체크
1	글 쓰는 시간은 일정한가요?	하루 5~10분이라도 일정한 시간에 글을 씁니다.	☐
2	글쓰기 장소는 안정적인가요?	산만하지 않고 편안하게 앉을 수 있는 공간을 마련합니다.	☐
3	글 주제를 아이가 스스로 정하나요?	흥미나 감정을 따라 스스로 주제를 선택하게 합니다.	☐
4	글을 쓰고 나면 '잘 읽어주는 시간'을 갖나요?	엄마/아빠가 정성껏 읽어주는 시간이 아이에겐 큰 동기입니다.	☐
5	잘못된 점보다 아이의 마음을 먼저 읽어주나요?	'맞춤법'보다 "이런 생각을 했구나"라고 먼저 반응해주세요.	☐
6	일상 속 에피소드도 글감이 되나요?	특별한 일이 없어도 일상의 소소한 경험을 글로 씁니다.	☐
7	다양한 글쓰기 방식에 도전해 보나요?	편지, 감상문, 상상글, 시 등 다양한 형식을 시도해 봅니다.	☐
8	글쓰기 후 감정을 나누는 시간을 갖나요?	"글 쓰고 나니까 기분이 어땠어?" 등 정서적 피드백을 줍니다.	☐

9	부모가 먼저 글쓰기를 실천해보았나요?	짧은 글이라도 아이에게 직접 보여주면 효과적입니다.	☐
10	'잘 써야 한다'는 부담을 주지 않나요?	결과보다 '계속 쓰는 것'을 응원하는 분위기를 만듭니다.	☐
11	아이가 쓴 글을 모아두는 공간이 있나요?	글을 따로 파일에 보관하면 아이에게 글의 가치가 생깁니다.	☐
12	글쓰기에 실패해도 격려하나요?	"오늘은 글이 안 써져도 괜찮아, 다음에 다시 써보자"라고 말해주세요.	☐
13	글쓰기 이후 칭찬보다 대화를 우선하나요?	"정말 재밌게 읽었어" 같은 감상 공유가 아이에게 더 깊이 남습니다.	☐
14	아이가 스스로 '읽고 싶은 글'을 찾아볼 수 있나요?	흥미 있는 글을 읽는 것이 곧 글쓰기의 영감이 됩니다.	☐
15	아이의 글을 외부에 보여줄 기회를 주고 있나요?	가족 게시판, 학교 소식지, 작은 콘테스트 등이 좋은 동기가 됩니다.	☐

[활동지] 논술 생각 확장 노트

읽은 책에서 나의 생각을 연결해보는 글쓰기 도구

항목	질문	나의 생각
핵심 내용 요약	이 책의 중요한 내용을 한 문장으로 정리해보세요.	
가장 인상적인 장면	내 마음에 오래 남은 장면은 무엇인가요? 왜 그런가요?	
작가의 메시지	이 책을 통해 작가가 말하고 싶은 것은 무엇이었을까요?	
나의 감정 변화	읽는 동안 어떤 감정이 들었나요? 그 이유는 무엇인가요?	
등장인물 공감	나와 비슷한 인물이 있나요? 어떤 점이 닮았나요?	
문제 상황 대처	이야기 속 문제 상황에 내가 있었다면 어떻게 했을까요?	
나의 해석	줄거리나 사건을 나만의 방식으로 다시 해석해보세요.	
현실과 연결	이 책의 주제와 우리 사회 · 학교 · 가정은 어떻게 연결되나요?	
다른 시선	만약 이 이야기를 반대 입장에서 쓴다면 어떤 내용이 될까요?	
나만의 한 줄 평	이 책을 한 문장으로 표현한다면? 감정과 생각을 담아보세요.	

[체크리스트] 나의 디지털 독서환경 점검표

읽기 습관은 환경에서 시작됩니다.

점검 항목	내 상태	비고
스마트폰으로 독서 앱을 활용하고 있다.	☐ 그렇다 ☐ 아니다	
영상 시청과 독서 시간을 구분하고 있다.	☐ 그렇다 ☐ 아니다	
독서 시간에 알림 기능을 꺼두고 있다.	☐ 그렇다 ☐ 아니다	
디지털 독서와 SNS 사용을 구분한다.	☐ 그렇다 ☐ 아니다	
전자책 메모 기능을 활용하고 있다.	☐ 그렇다 ☐ 아니다	
SNS나 블로그에 책 감상을 기록해본 적이 있다.	☐ 그렇다 ☐ 아니다	
종이책도 주 1회 이상 함께 읽는다.	☐ 그렇다 ☐ 아니다	
독서 후 손글씨나 다이어리로 감상을 정리한다.	☐ 그렇다 ☐ 아니다	
유튜브 영상과 책 내용을 비교하며 읽는다	☐ 그렇다 ☐ 아니다	
책을 읽고 가족/친구와 이야기를 나눈다.	☐ 그렇다 ☐ 아니다	

[체크리스트] 디지털 독서, 쓰기 실천 가이드

책과 스크린, 둘 다 놓을 수 없다면 현명하게 활용하는 방법이 필요해요.

실천 항목	설명	체크
디지털 독서 시간을 정하기	하루 중 정해진 시간에 읽기 습관을 형성합니다.	☐ 실천 중 ☐ 아직
e-book의 메모, 하이라이트 기능을 적극 활용	밑줄 긋기처럼 디지털 도구를 활용해 읽기의 깊이를 높입니다.	☐ 실천 중 ☐ 아직
종이책과 전자책을 적절히 병행	장편소설은 종이책, 지식 정보는 디지털로 활용하는 균형이 필요합니다.	☐ 실천 중 ☐ 아직
스크롤형 독서와 페이지형 독서를 구분	뉴스피드식 읽기만 지속되면 사고 흐름이 단절될 수 있습니다.	☐ 실천 중 ☐ 아직
읽기 전 '질문'을 갖고 시작	목표 없이 읽기보다 "왜 이 책을 읽는가"라는 질문을 품고 읽습니다.	☐ 실천 중 ☐ 아직
읽은 내용을 3줄 요약하기	책 한 권을 짧은 문장으로 요약하는 훈련은 사고 정리를 돕습니다.	☐ 실천 중 ☐ 아직
디지털로 읽은 내용을 손으로 정리	읽고 난 후 간단히 손으로 정리하면 기억에 더 오래 남습니다.	☐ 실천 중 ☐ 아직
영상 정보와 텍스트 정보를 비교하며 읽기	유튜브, 다큐멘터리와 책을 함께 활용하며 시각–언어 융합 사고 훈련	☐ 실천 중 ☐ 아직
SNS에 독서 리뷰 작성	감상을 타인과 공유하는 활동은 '읽고 생각하기'에 효과적입니다.	☐ 실천 중 ☐ 아직
디지털 글쓰기에도 '나의 생각' 담기	댓글이나 블로그 글도 생각을 담는 훈련의 장입니다.	☐ 실천 중 ☐ 아직

[활동지] AI 시대, 읽고 쓰는 아이를 위한 부모와 아이의 7일 실천표

요일	활동 제목	부모와 아이 실천 내용	체크
월	감정 일기 쓰기	오늘 가장 기뻤던 순간 1가지를 적고, 이유를 이야기해요. (부모도 함께 작성)	☐
화	AI 뉴스 토론하기	AI 관련 뉴스나 영상 1개를 보고, "어떻게 생각해?", "우리 삶에 어떤 영향을 줄까?" 등 토론해요.	☐
수	창의 글쓰기 챌린지	"만약 내가 로봇과 친구가 된다면?" 같은 주제로 짧은 글을 써봐요. 그림이나 말로 표현해도 좋아요.	☐
목	디지털 사용 되돌아보기	오늘 스마트폰, 태블릿에서 한 활동 중 '가장 좋았던 것 vs 시간 낭비 같았던 것'을 비교해보기	☐
금	책 한 문장 나누기	함께 읽은 책이나 만화에서 마음에 드는 문장을 고르고 그 이유를 나눠요.	☐
토	아날로그 데이	스마트폰, TV 없이 2시간 동안 책 읽기, 글쓰기, 산책 등 '느린 활동'을 해요.	☐
일	서로의 생각 인터뷰	"이번 주에 가장 기억에 남는 생각은?" 서로 3문장 인터뷰하고, 종이에 써서 남겨요.	☐

목표: 감정 표현, 기초 문해력, 아날로그 활동 중심

활동명	내용	부모 팁
감정 스티커 일기	오늘 기분에 맞는 얼굴 스티커를 붙이고, 짧은 이유를 1문장으로 적어요.	감정 단어를 그림으로 설명해 주세요.
그림 보고 이야기 짓기	책 속 한 장면을 보고 "이후엔 무슨 일이 일어났을까?" 이야기로 이어가기	아이의 상상력을 최대한 존중해주세요.
'엄마 인터뷰' 놀이	아이가 부모에게 질문하고, 직접 받아쓰기하며 정리해요.	받아쓰기보다 '질문하는 재미'를 살려주세요.
디지털 없이 30분 챌린지	책 읽기, 블록 놀이, 그림 그리기 등으로 30분 보내기	끝나고 어떤 활동이 가장 재미있었는지 이야기 나누세요.

💡 초등 고학년 (4~6학년)

목표: 사고 확장, 디지털 리터러시, 서사력 훈련

내용 주제	활동 예시	비고
감정 존중 피드백	아이의 글에 '맞춤법' 대신 '느낌'으로 답글 써보기	ex) "이 문장에서 네가 많이 속상했겠다."
디지털 리터러시 실습	유튜브 콘텐츠 vs 책 정보 비교 토론	"어떤 점이 신뢰감을 줬을까?" 질문하기
문장 기다리는 연습	아이가 문장 완성할 때까지 '5초 이상 침묵하기'	말 끊지 않기, 힌트 주지 않기 훈련 포함
창의 질문 만들기	'만약에~ 라면?' 질문 리스트 함께 만들기	실제 일상 속 질문 리스트 제공 가능

문해력 금쪽이를 위한 추천 도서와 맞춤 활동지

📖 초등 1학년

📘 **도서명** 겁쟁이 빌리

✏️ **작가/출판사** 앤서니 브라운

⭐ **적용 유형** '대신 읽어주세요형'

☝️ **추천 이유** 겁 많은 아이 '빌리'가 인형 친구들과 함께 점차 두려움을 이겨내는 이야기. 빌리의 감정선이 그림을 통해 반복적으로 표현되기 때문에 느낌을 따라가는 독서에 최적화된 책이다. 한 마디로 대신 읽어달라 조르는 아이에게 적합한 감정 훈련 도서이다. 또한 감정 표현이 서툰 아이들에게 적합하다.

✌️ **수업 포인트** 〈겁쟁이 빌리〉는 텍스트보다 이미지가 강력한 책이다. 그림을 따라가며 감정을 추론하는 활동을 통해, 읽기보다 '느끼기'가 먼저인 아이들에게 독서 흥미를 회복시켜 줄 수 있다. 아이들은 빌리의 표정과 몸짓, 배경 색 등을 관찰하며 '왜 무서웠을까?', '어떤 상황일까?'를 스스로 유추하게 되고, 자신의 경험과 연결하며 말로 표현하는 훈련을 시작하게 된다. 특히 빌리의 말풍선을 비워두고 "이 장면에서 너라면 뭐라고 말했을까?"처럼 감정 대사 바꾸기 활동을 통해 감정+말+상황의 연결 구조를 익히는 것이 핵심이다.

✍️ **연계 활동** 나만의 '겁 목록' 만들기

내가 겁을 이겨낸 순간을 만화 한 컷으로 표현하기. 빌리처럼 인형에게 편지 쓰기: "내가 무서울 때 네가 있어서 다행이야!"

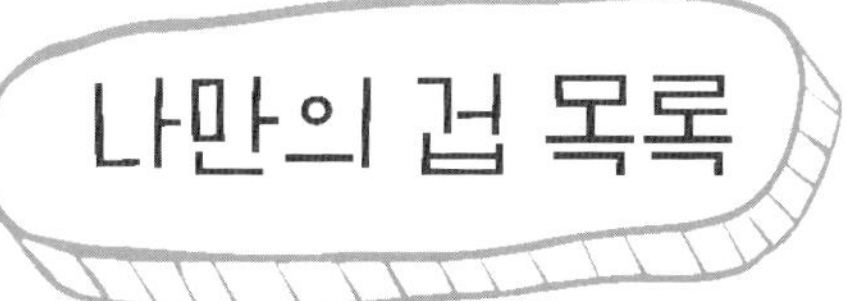

여러분을 겁나게 하는 것은 무엇이 있나요?

나를 깜짝 놀라게 했던 일은	나를 눈물나게 했던 일은

내 꿈 속에서 일어난 끔찍한 일은	내가 가장 듣기 싫은 말은

사랑하는 가족을 잃어버린다면	내가 겁나는 상황을 극복할 수 있었던 이유는

📘 **도서명** 이게 정말 나일까?

✏️ **작가/출판사** 요시타케 신스케

⭐ **적용 유형** '느낀 점은 없는데요형'

☝️ **추천 이유** 이 책은 감정을 '나'라는 인물 안의 다양한 모습으로 시각화한 그림책이다. '무서운 나', '작아진 나', '사라지고 싶은 나', '화가 나는 나'…. 주인공은 그 다양한 감정들과 함께 살아가며 혼란을 겪는다. 하지만 결국 깨닫는다. 자기도 모르게 감정을 감지하고, 처음으로 자신의 속마음과 연결되는 경험을 하게 된다. 감정을 의인화하고, 색과 이미지로 상상하며, 말로 정리할 기회를 제공하는 이 책은 초등 2학년 시기의 감정 인지력과 문해력을 동시에 자극하는 탁월한 도서다.

✌️ **수업 포인트** 〈이게 정말 나일까?〉는 감정을 '정리'하는 책이 아니라, 감정을 '느끼는' 책이다. 책 속 다양한 '나'를 따라가며 아이들은 처음으로 자신의 감정을 들여다보게 된다. 말로 표현하기 어려운 감정을 색, 이미지, 표정, 단어, 짧은 문장으로 조금씩 꺼내보게 하며 느낌 중심의 글쓰기로 가는 준비 과정을 경험하게 된다. 또한 감정 표현의 문턱을 낮추는 감정 색깔, 감정 인터뷰, 감정 그림책 만들기 같은 비언어적 도구를 활용할 때 아이들의 몰입도가 높아진다. 이 책을 읽고 나면 "그림 속 이 아이가 왜 이렇게 서 있을까? 이 색깔은 어떤 감정 같아?" 같은 질문을 통해 감정을 언어화하는 훈련이 자연스럽게 시작될 것이다.

✍️ **연계 활동** '오늘의 나'를 색으로 표현한 잎사귀를 나무에 붙이며 감정 색깔 나무 만들기 / 감정 상태와 색을 연결하는 "오늘의 나는 어떤 색인가요?" 얼굴 표정을 직접 그려가며 완성하는 감정 일기장 쓰기

이럴 때 내 기분

OO 상황일 때 나는 __한 기분이 들어요
이때 나의 표정을 그려보고
하고 싶은 말을 써 보세요

상황	
기분	
하고싶은 말	

상황	
기분	
하고싶은 말	

📄 **도서명** 쿡판다의 수상한 만두카 – 주문하신 방귀 만두 나왔습니다!

✏️ **작가/출판사** 함윤미

⭐ **적용 유형** '다 아는 이야기인데요형'

👆 **추천 이유** 이 책은 제목부터 흥미롭고, 이야기 전개도 빠르고 유쾌하다. 하지만 그 속에 담긴 아이들의 고민, 판다의 선택, 만두의 의미는 생각 없이 읽는다면 웃고 넘어가는 이야기로 끝난다. 바로 이런 이유로 '다 아는 이야기인데요형' 아이들에게 독서 그 이상의 훈련 기회를 제공할 수 있다. 초등 3학년은 읽기의 양이 늘고, 속도가 붙으면서 '읽었다=이해했다'는 착각이 자리 잡기 쉬운 시기다. 줄거리 요약은 곧잘 하면서도 '왜 그랬는지?', '그게 무슨 의미였는지?'를 물으면 답하지 못하는 아이들이 늘어난다. 단순히 웃기고 독특한 이야기처럼 보일 수 있지만, 각각의 에피소드에는 판다와 아이들이 주고받는 감정과 메시지가 숨어 있다.

✌️ **수업 포인트** 책은 유쾌한 만화 같은 전개로 시작되지만 그 안에는 다른 사람의 마음을 상상하고 이해하는 문해력의 핵심이 숨어 있다. 책을 단순히 줄거리 중심으로만 읽는 아이는 "아이들이 고민을 말했고, 판다가 만두를 줬어요"에서 끝나지만, 더 생각해 보면 "왜 그 아이는 그런 만두를 받았을까?", "그 만두에는 어떤 의미가 담겼을까?" 같은 깊이 있는 질문이 가능하다. 특히, 주문 만두의 이름은 아이의 고민과 감정을 은유적으로 드러내는 장치로, 이름→상황→의미를 연결하는 문해력 3단계 사고 흐름을 훈련할 수 있다. 읽으며 웃게 하고, 다 읽고 나면 생각하게 하는 책, 그 여운을 잡아주는 수업 설계가 필요하다.

✍️ **연계 활동** 아이의 고민을 들여다볼 수 있는 "내가 만든 마음 만두" 나만의 만두카 메뉴판 만들기

나만의 만두카 메뉴판 만들기

이 만두 메뉴는 어떤 고민 때문에 만들었나요?
어떤 친구에게 추천하고 싶나요?

내 만두카 메뉴판 속 광고 한 줄과 설명, 가격을 정해보세요

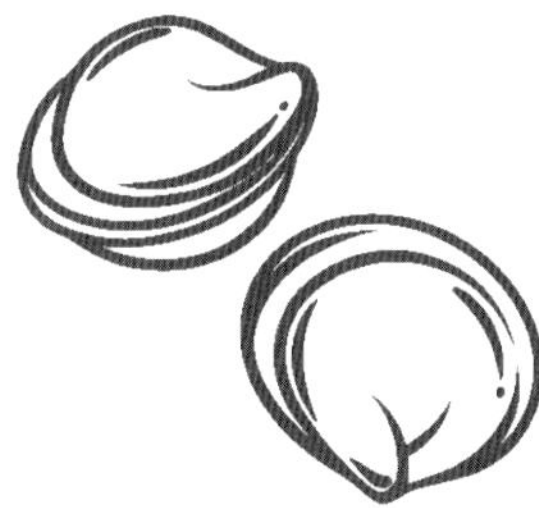

📖 초등 4학년

📗 **도서명** 유쾌발랄 회장선거

✏️ **작가/출판사** 김선영

⭐ **적용 유형** '무조건 외우는 줄 아는형'

👆 **추천 이유** 〈유쾌발랄 회장선거〉를 읽은 아이에게 주인공이 어떤 사람이었는지 물어보면 "회장이 되려고 노력했어요. 끝!"이라고 대답하는 경우가 많다. 누가 봐도 중요한 장면을 말하긴 했지만, 왜 그 장면이 중요한지, 그 장면이 나에게 어떤 생각을 불러일으켰는지는 대부분 빠져있다. 표면적인 정리는 빠르지만, 그 속의 의미를 물으면 갑자기 말을 잇지 못하는 아이들 또한 많다. 이 책은 바로 그런 아이들에게 줄거리 기억→감정 이해→의미 연결의 사고 확장을 유도하는 똑똑한 훈련 도구가 될 수 있다.

✌️ **수업 포인트** 겉으로는 '회장 선거 이야기'지만 속으로는 감정 조절, 관계의 어려움, 자기 성찰이 숨어 있는 이야기다. 초등 4학년이 흔히 겪는 나는 잘하고 싶은데, 뜻대로 안 되는 상황을 리얼하게 보여주기 때문이다. 주인공 '지우'가 회장이 되는 걸 넘어 친구들과 어울리고 싶고, 스스로를 바꾸고 싶었던 것처럼, 그런 아이들에게 인물의 감정과 성장 읽기로 수업 포인트를 전환할 수 있다.

✍️ **연계 활동** "왜 그렇게 말했을까?" 입장 바꾸어 생각해보기, "내가 선거 관리위원이라면?" 규칙 만들기, "회장은 이런 사람이어야 해!" 리더십 글쓰기, "나였으면 어떻게 했을까?" 내가 대신한다면 글쓰기

오늘 읽은 책

내가 선거관리위원이라면?

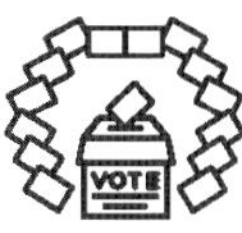

공정한 회장선거를 위해 어떤 규칙을 정할 수 있을까요?

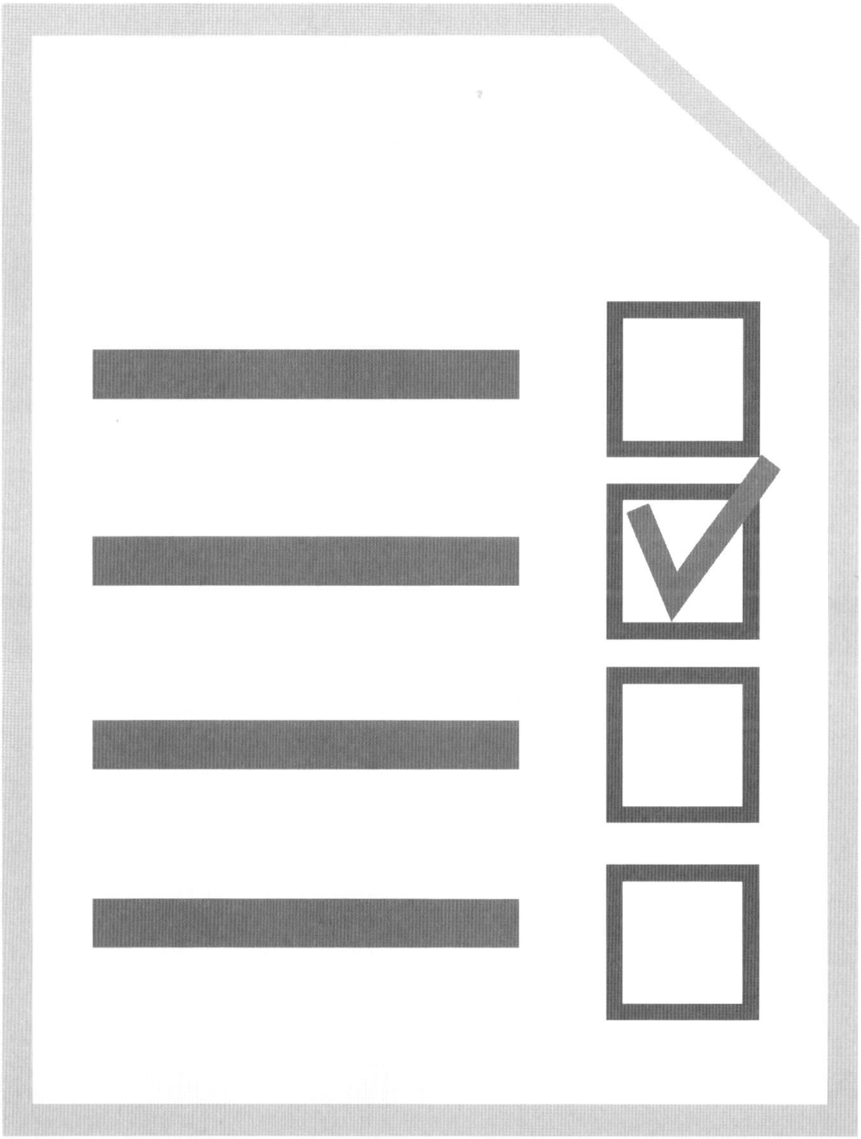

📖 **초등 5학년**

📖 **도서명** 엄마 아빠 자격증

✏️ **작가/출판사** 키키유

⭐ **적용 유형** '말로는 못하겠어요형'

☝️ **추천 이유** 이 책을 읽은 아이들의 첫 반응은 대부분 이렇다. "처음엔 재밌었어요. 그런데 마지막에 좀 이상했어요", "그냥 가족 이야기 같은데… 왜 눈물이 났는지 모르겠어요" 등이다. 감정을 분명히 느꼈지만 그 감정을 어떻게 말로 설명해야 할지 모르는 아이들이 많다. 생각은 머릿속에 맴돌지만 표현되지 않는 상태다. 웃긴 이야기처럼 시작하지만, 마지막엔 가족에 대한 깊은 감정과 생각을 불러 일으키는 책이다.

말로 꺼내기 어려운 '부모에 대한 마음', 직접 묻기 어려운 '사랑, 존중, 감사' 같은 주제를 아이 눈높이에서 자연스럽게 건드리는 구조로 되어 있다. 책을 읽고 나면 '생각은 생겼는데 말은 막히는' 상태가 되기 쉬운 책이다. 그래서 이 책이 '말로 표현하는 문해력'을 확장하는 데 이상적이다.

✌️ **수업 포인트** 이 책은 은 말로 감정을 잘 표현하지 못하는 아이에게 말이 아닌 그림과 단어, 상징으로 감정을 전달할 수 있는 구조를 제공한다. 특히 '자격증'이라는 틀이 있어, 직접적인 감정 표현이 부담스러운 아이도 조건, 칭찬, 사소한 관찰을 통해 자연스럽게 부모에 대한 감정을 정리하게 된다. 책 속 아이처럼 엄마의 행동을 관찰하고, 감정을 해석하고, '엄마에게 어떤 자격증을 줄지'를 고민하는 과정 자체가 감정 언어 훈련이 된다. 말보다 먼저 쓰게 하고, 쓰는 것이 곧 말이 되게 하는 수업이 필요하다.

✍️ **연계 활동** 이름, 조건, 칭찬, 인증서 내용 등 쓰고 꾸미는 '부모님 자격증 만들기', 가족과의 특별한 하루를 그림 한 칸+글 한 단락으로 표현, '나의 가족 이야기 한 컷 일기' 발표

진짜 엄마, 아빠 자격증

수여 대상　○○○

자격 기준

자격 내용

수여 날짜

나의 이름

📖 **초등 6학년**

📘 **도서명**　하고 싶은 공부

✏️ **작가/출판사**　박현숙

⭐ **적용 유형**　'이게 뭔 말이에요형'

☝️ **추천 이유**　〈하고 싶은 공부〉는 공부에 대한 기존의 관점을 아이 스스로 뒤집어보게 만드는 책이다. 아이들 간의 경쟁과 비교, 자존감과 동기, '공부'라는 단어가 주는 부담을 학생의 시선으로 솔직하게 풀어냈다. 겉보기에는 단순한 학교 이야기지만, 읽는 사람에 따라 수십 가지 질문이 생기는 철학적 동화이기도 하다.

그런 의미에서 초등 6학년, 중학교 진입을 앞둔 시기 아이들에게 '읽고 끝나는 독서'가 아니라 '읽고 연결하고 질문하고 나를 돌아보는 독서'를 시작하게 하는 책이다.

✌️ **수업 포인트**　이 책은 읽은 내용을 다시 설명하는 것보다 글 속 핵심 문장을 자기 말로 바꿔보는 활동이 효과적이다. '공부란 무엇인가?' 같은 본질적인 질문을 던지며 줄거리 중심에서 벗어나 주제 중심의 사고로 전환하게 한다. 특히 인물의 대사 중 의미가 함축된 문장을 골라 '이 말은 이런 뜻이에요'라고 다시 말해보기 훈련을 하면, 아이들이 처음으로 '글의 의미를 스스로 해석하는 경험'을 하게 된다. 또한 '나에게 공부란 어떤 의미인가'를 생각하며 지금까지 배운 것과 앞으로 배우고 싶은 것을 연결하고 스스로의 공부관을 정리하는 계기로 삼을 수 있다.

✍️ **연계 활동**　'공부란 무엇인가?'–나만의 공부 정의 쓰기/'주인공의 말 다시 쓰기'–책 속 인물의 대사를 바꿔보기/'내가 진짜 하고 싶은 공부는?'–글쓰기

내가 생각하는 공부란 무엇일까요?

엄마와 키우는 금쪽이의 문해력

펴낸날 2026년 4월 10일

지은이 유경숙, 김나윤, 이준재
펴낸이 주계수 | **편집책임** 이슬기 | **꾸민이** 허유진

펴낸곳 밥북 | **출판등록** 제 2018-000141 호
주소 서울특별시 마포구 양화로 156 LG팰리스빌딩 917호
전화 02-6925-0370 | **팩스** 02-6925-0380
홈페이지 www.bobbook.co.kr | **이메일** bobbook@hanmail.net

© 유경숙·김나윤·이준재, 2026.
ISBN 979-11-7223-154-5 (03370)